Ⅱ Gemini   ♋ Cancer

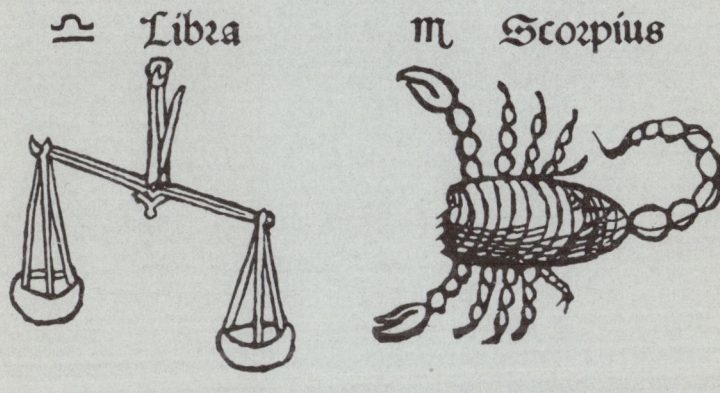

♎ Libra   ♏ Scorpius

♒ Aquarius   ♓ Pisces

Planeten, Tierkreiszeichen, Horoskope

RUDOLF DRÖSSLER

PLANETEN, TIERKREISZEICHEN, HOROSKOPE

Ein Ausflug in Mythologie,
Spekulation
und Wirklichkeit

Rudolf Drössler

KOEHLER & AMELANG
LEIPZIG

Drößler, Rudolf:
Planeten, Tierkreiszeichen, Horoskope : ein Ausflug in
Mythologie, Spekulation und Wirklichkeit /
Rudolf Drößler. – 4. Aufl. – Leipzig : Koehler & Amelang,
1989. – 148 S. : 38 Abb.
ISBN 3-7338-0087-7

ISBN 3-7338-0087-7

4. Auflage 1989
© 1984 by Koehler & Amelang, Leipzig
Lizenznummer 295 · LSV 0119
Printed in the German Democratic Republic
Aus der Baskerville gesetzt, gedruckt und gebunden
von den Druckwerkstätten Stollberg
Buchgestaltung: Hans-Joachim Walch
698 256 4
01280

INHALT

Meiner lieben Mutter
in Dankbarkeit gewidmet

STERNDEUTER
UND STERNDEUTUNG

»Ich habe dir das Horoskop gestellt,
Vernimm durch mich den Spruch der Sternenwelt:
Du hast gewählt die beste Zeit auf Erden,
Die man nur wählen kann, rasiert zu werden«,

singt der »Barbier von Bagdad«, ein geschäftstüchtiger, aber
geschwätziger Pfiffikus mit dem klangvollen Namen Abul
Hassan Ali Ebn Bekar. Für die wichtige Prozedur des Bart-
scherens hat er dem verliebten Nureddin extra das Horoskop gestellt, denn dieser möchte sich seiner sehnsüchtig war-
tenden Margiana möglichst sanfthäutig und zärtlich nähern.
Die turbulente Liebesgeschichte hat Peter Cornelius für das
Libretto seiner komischen Oper einem Märchen aus »Tau-
sendundeine Nacht« entlehnt und dabei wichtige Elemente
alten arabischen Geisteslebens mit aufgegriffen: Astrologie und Horoskop.

Der arabische wie jeder andere Astrologe oder Sterndeuter stellte und stellt seine Horoskope nach dem jeweiligen
Stand von Sonne, Mond und Planeten in den zwölf Tierkreiszeichen, die die Sonne im Laufe eines Jahres scheinbar einmal durchwandert. Horoskop heißt nämlich soviel
wie Stundenschau, weil es Ort und Lage der Wandelsterne
zueinander und ihre Position im Tierkreis in einem ganz
bestimmten Zeitpunkt angibt.

Natürlich wirkt es komisch, wenn sogar der Barbier zur
Werbung für seine Dienstleistung die Gestirne bemüht und
Horoskope stellt. Aber weit an der Wahrheit geht die amü-
sante Szene gar nicht vorbei. Den Arabern, und nicht nur
ihnen, galt die Sterndeutung in des Lebens Freuden und
Gefahren als unentbehrliche Hilfe und Kunst. Der Astro-
loge wurde daher für alle möglichen Ereignisse und ihre
Konsequenzen zu Rate gezogen, ob es sich nun um familiäre
Zwistigkeiten oder Kriege, um Empfänge von Gesandten
oder sonstige Staatsaktionen, um den Beginn einer Reise

1 Astrologenschule

oder die Grundsteinlegung für ein Gebäude, um die Stundenwahl für ein erquickendes Bad, eine unterhaltsame Schachpartie oder nur um schlichten Kleiderwechsel handelte. Die vermeintlich jede Lebensregung regierenden Horoskopgestirne und ihre Dolmetscher, die Astrologen, waren im allgemeinen Bewußtsein stets und ständig präsent. Selbstverständlich befragte man die Sterndeuter auch bei Krankheiten, wie uns ein Gedicht des Arabers Dschardschani aus dem elften Jahrhundert verrät:

»Der Ärzte Wissen und Gelehrsamkeit,
Nicht wußten zu ergründen sie ihr Leid.
Gewiß, sprach der, es kommt von schwarzer Galle!
Von gelber kommt's, sprach der, in diesem Falle!
Aus jeder Stadt erschienen Sternenkundige,
Chorasans Auserkorne, Weisheitsmundige;
Der Mond, sprach der, im Widder hat's gemacht!
Saturn im Krebs, sprach der, hat es gebracht!«

Solche dem Scheine nach tiefgründige Sternenschau wurde von den Eingeweihten in Wort und Schrift ausführlich weitervermittelt und von allen Wißbegierigen und Interessierten eifrigst studiert. Eine alte Darstellung (Abb. 1) führt uns eine Astrologenschule vor Augen, in der zwei ihrer Mitglieder in langen faltigen Gewändern und glockenförmigen Kopfbedeckungen intensiv um die Weisheit ringen. Sie schöpfen sie aus dickleibigen Büchern, die sie auf einem Pulte vor sich liegen haben, und natürlich aus dem himmlischen Urbild, der großen Himmelsuhr, deren Kreise und Zeiger über ihnen angedeutet sind. Wer von den beiden Weisheitssuchern Lehrer, wer Schüler ist, läßt sich nur schwer entscheiden. Sie disputieren recht lebhaft miteinander, wobei der eine, anscheinend siegessicher, mit erhobenem Zeigefinger auf den gestirnten Himmel weist, während der andere mit ziemlich verkniffener Miene wohl skeptisch abwehrt. Ach, man kann den zwei Sterndeutern die Schwierigkeiten nur zu gut nachempfinden, aus dem verzwickten Lauf der Wandelsterne immer die richtigen Voraussagen abzulesen. Wen wundert es, daß sich die Astrologen wegen der Kompliziertheit der Deutungen und ihres Quantums an Wahrheit öfters in die Haare gerieten? Aber nicht nur untereinander waren langwierige Fehden auszutragen, man mußte sich auch gegen die vielen Zweifler und Ungläubigen zur Wehr setzen, die zu allen Zeiten mit Scharfsinn, kühlem Verstand und spitzer Zunge gegen die Astrologie und ihre Anhänger zu Felde zogen. Um die Angriffe all jener Verächter der Sterndeuterei zu parieren, die Astrologie und Horoskopie nur für Irrlehren oder gar für ausgemachten Schwindel hielten, gab man bereits im Altertum die Sterndeutung als von Göttern vermittelte Offenbarungsweisheit aus, die sich schon seit 490 000, 720 000 oder sogar noch mehr Jahren bewährt und als zutreffend erwiesen haben sollte. Man handelte dabei nach der gleichen psychologischen Erfahrung, die Schiller seinen Wallenstein in bezug auf die Vertrauensseligkeit des Menschen gegenüber dem Althergebrachten äußern läßt:

»Was grau vor Alter ist, das ist ihm göttlich.«

Dennoch, die Astrologie ist wirklich altersgrau. Schon vor über 3500 Jahren haben die Babylonier die Sterne zu Voraussagen benutzt. (Der Glaube an Sterngötter reicht dagegen wohl bis in die Steinzeit zurück.) Eine vor mindestens 2700 Jahren auf eine Tontafel geschriebene Deutung lautet: »Ist der Mond von einem Hofe umgeben und steht Jupiter darin, so wird der König von Babylon eingeschlossen werden.«

Nun, das klingt noch recht simpel, ist aber in mehrfacher Hinsicht aufschlußreich. Wir erfahren, daß atmosphärische Erscheinungen wie Mondhöfe mit astronomischen Ereignissen verbunden wurden; eine strenge Trennung und Unterscheidung bestand da offenbar noch nicht. Adressat der himmlischen Botschaft war der König. In anderen Beispielen konnte sie sich auf den Thronfolger oder auf Wohl und Wehe des ganzen Landes beziehen und vor Stürmen, Überschwemmungen, Heuschrecken, wilden Tieren, Palastrevolutionen und Kriegen warnen oder ergiebigen Fischfang und reichen Feldertrag verheißen. Im übrigen mußten die Priester versuchen, den schlimmen Vorzeichen mit Opferritualen zu begegnen und das Unglück abzuwenden. Auf Hinz und Kunz in Stadt und Land waren die Omina jedenfalls noch nicht gemünzt.

Aber das änderte sich, und auch die astronomischen Grundlagen für die Voraussagen wurden komplizierter und differenzierter. Vor rund 2500 Jahren vermochten die Babylonier dank langwieriger Beobachtungen die Stellung von Sonne, Mond und Planeten mit hinreichender Genauigkeit voraus- und zurückzuberechnen. Damit hatten sie die wichtigsten Voraussetzungen zur Aufstellung von Horoskopen geschaffen, die sich fortan auch Personen von geringerer Herkunft und Bedeutung gegen gute Bezahlung anfertigen ließen. Der Astrologe war dabei zugleich Astronom; Sterndeutung und Sternkunde existierten in Personalunion.

Astronomische Beobachtungen bildeten die Grundlage für astrologische Zukunftsschau, und der Glaube, aus dem Stand der Wandelsterne die Zukunft voraussagen zu können, stimulierte zu genaueren Beobachtungen des gestirnten Himmels und zu Tabellen über den Lauf von Planeten, Mond und Sonne. Die Ausübenden waren meist Priester, sozusagen studierte Leute auf der Höhe des Wissens ihrer Zeit In der Antike nannte man sie im allgemeinen Chaldäer nach dem Lande Kaldu im Süden Babyloniens. Chaldäer war aber auch ein Synonym für die Babylonier selbst.

Es ist eigentlich undenkbar, daß die Griechen, die so viel von babylonischer Astronomie und Mathematik profitierten, zu dieser Zeit nichts von der Astrologie des Zweistromlandes erfahren haben sollten. Doch großen Eindruck kann die Sterndeutung auf sie zunächst nicht gemacht haben, dafür fehlen zumindest überzeugende Hinweise. In griechischer Philosophie und Mystik bahnten sich jedoch Richtungen und Spekulationen an, die zwei bis drei Jahrhunderte später die Aufnahme der Astrologie wesentlich erleichterten.

Damals, vor rund 2300 Jahren, war die alte Welt mächtig in Bewegung geraten. Alexander der Große hatte durch seine Eroberungen ein Weltreich geschaffen, das sich von der Donau, der Adria, Ägypten und dem Kaukasus bis zum Indus erstreckte. Wenn es auch nach seinem Tode rasch wieder zerfiel, so war doch für weitreichenden und fruchtbaren kulturellen Austausch zwischen Ost und West eine entscheidende Bresche geschlagen. In hellenistischer Zeit verbreiteten sich nun griechische Sprache, Kunst und Wissenschaft. Die Griechen nahmen ihrerseits orientalisches Geistesgut auf, befreundeten sich mit der Astrologie und bauten diese weiter aus. Auf ägyptischem Boden verschmolz die einheimische Sternkunde und Sterndeutung mit babylonisch-griechischem Wissen, und all das machten sich schließlich die Römer zu eigen. Deren »Kaiser haben oftmals die Astrologen verfolgt und aus der Hauptstadt verbannt«, schreibt Franz Boll, der verdienstvolle Erforscher von Geschichte und Wesen der Sterndeutung. »Aber sie konnten ihrer selbst so wenig entraten wie die übrige vornehme römische Gesellschaft, von deren Damen so manche keine Meile vor die Stadt fahren und keine Mahlzeit zu sich nehmen wollte, ohne ihren astrologischen Kalender zu befragen, den sie am planetengeschmückten Armband mit sich herumtrug.«

Das aufstrebende Christentum wandte sich freilich von Anfang an heftig gegen die Allmacht der Sterngötter, und in der Tat drängte es für Jahrhunderte die Astrologie ins gesellschaftliche Abseits. Es sei doch töricht und frevelhaft, argumentierten strenggläubige Christen, statt Gott selbst die von ihm geschaffenen Gestirne anzubeten und sich von ihnen abhängig zu wähnen. Aber so ganz unbeeinflußt von Sternglauben und Sterndeutung blieb die neue, siegreiche Religion denn doch nicht. Unter ihren Anhängern gab es auch Verteidiger der Astrologie, und diese vermochten schwer zu widerlegende Gründe ins Feld zu führen. Berichtete nicht das Matthäus-Evangelium von den Weisen aus dem Morgenlande, die nach Jerusalem gezogen waren und in bezug auf Jesus gefragt hatten: »Wo ist der neugeborene König der Juden? Denn wir haben seinen Stern im Aufgehen gesehen und sind gekommen, ihm zu huldigen.« Und sollte sich bei Jesu Kreuzigung nicht eine Sonnenfinsternis ereignet haben? Christus selbst galt als »Sonne der Gerechtigkeit«. Mitte des vierten Jahrhunderts hatte man seinen Geburtstag auf den 25. Dezember festgelegt, auf einen Tag, der seit alters als Geburtstag der Sonne angesehen wurde, weil von da an der lichte Tag sichtbar zunahm und damit scheinbar eine wiedergeborene Sonne einen neuen Jahreslauf begann. Und schließlich: Verdankte die Offenbarung Johannis der Sternenmystik nicht einen beträchtlichen Teil ihrer wirksamsten Schilderungen und Bilder? Freilich, wider Gottes Willen vermochten die Sterne ihre Wirkung nicht zu entfalten, aber warum sollten sie ihn in seinem Auftrag nicht andeuten oder zu erkennen geben?

So blieb für die Astrologie stets ein Hintertürchen offen, und selbst viele ihrer entschiedensten Gegner lehnten das astrologische Gedankengut nicht völlig in Bausch und Bogen ab. Der Boden war also nicht gänzlich unbestellt, als die Sterndeutung im mittelalterlichen Europa wieder festen Fuß faßte.

Auf seltsam verschlungenen Wegen war diese zusammen mit griechischer Astronomie über Syrien, Persien und Indien zu den Arabern gelangt, wo sie für ihr rasches Wachsen und Gedeihen günstigen Nährboden fand. Da ihr hier, anders als im Christentum, die fatalistische Schicksalsauffassung des Islam entgegenkam, drängte sie sich bald in alle Bereiche menschlichen Daseins, so daß es selbst für einen Barbier von Bagdad durchaus modern und angemessen sein mochte, sich der Sterne als Geschäftshilfe zu bedienen.

Durch arabische Vermittlung breitete sich die Sterndeutung über Spanien und Italien schließlich in ganz Europa aus, gefördert auch durch dessen Kontakte zum Orient und zum byzantinischen Reich, wie sie sich infolge der Kreuzzüge ergaben. In immer höheren Wogen brach nun eine gewaltige Flut astrologischer Schriften über Europa herein, alle Dämme unterhöhlend und fortreißend. Renaissance und Humanismus verstärkten diese Sintflut durch das spezielle Interesse an griechisch-römischen Überlieferungen beträchtlich. Die Sterndeutung wurde nicht nur hoffähig, sie durfte jetzt auch mit päpstlicher Gunst prahlen und prunken. Papst Julius II. ließ sich den günstigsten Tag seiner Krönung nach dem Sternenstand berechnen, Paul III. die Stunden für die Konsistorien. Leo X. schuf an der Sapienza, der päpstlichen Universität in Rom, für die Astrologie extra einen Lehrstuhl. An den Universitäten in Padua, Bologna und Paris hatten die Sterndeuter ebenfalls ihr Domizil aufgeschlagen. Melanchthon hielt in Wittenberg berühmte Vorlesungen über Astrologie. Es erregte zwar Gelächter, schadete seinem Ruf aber nicht sonderlich, als er dem Kinde seines Freundes Melander hohe geistliche Würden prophezeite. Unvorsichtigerweise hatte er sich nicht nach dessen Geschlecht erkundigt; es war ein Mädchen. Luther war da skeptischer; für ihn war die Astrologie eher eine »feine lustige Phantasei« oder auch eine »heillose und schebichte« Kunst.

Und die Astronomen? Selbst die bedeutendsten von ihnen, Regiomontanus, Kopernikus, Tycho de Brahe, Galilei, Kepler, waren mit der Horoskopie vertraut und übten sie mit mehr oder weniger innerer Überzeugung auch aus. Oft zitiert wird Kepler: »Es ist wohl die Astrologie ein närrisch Töchterlein, aber, du lieber Gott, wo wollt ihre Mutter, die hochvernünftige Astronomie bleiben, wenn sie diese närrische Tochter nicht hätte! ... Auch sind sonsten der Mathematiker Einkünfte so seltsam und gering, daß die Mutter

gewißlich Hunger leiden würde, wenn die Tochter nichts er-
würbe.« Die Sterndeutung war für ihn in erster Linie ein
aus der Not geborener Broterwerb. Aber generell ableh-
nend war seine Haltung trotzdem nicht, er schrieb den
Himmelskörpern durchaus einen Einfluß auf alles Körper-
liche auf Erden und den Planetenkonjunktionen zumindest
einen »Stachel oder Antrieb« für Handeln und Tun zu.

Dennoch neigte sich nach Jahrhunderten ungeschmäler-
ter Blüte das Zünglein an der Waage allmählich zuungun-
sten der Astrologie. Kopernikus hatte die zentrale Stellung
der Erde im Weltganzen ad absurdum geführt, Kepler die
wahren Bahnformen der Planeten entdeckt, Newton das
Gravitationsgesetz formuliert, nach dem man die Massen
und Bewegungen der Gestirne exakt zu berechnen vermochte. Als Galilei zum ersten Male ein Fernrohr auf den
Himmel richtete, erkannte er Berge und Täler auf der Mondoberfläche und die vier großen Monde des Jupiter. Das
Fernrohr machte bis dahin unbekannte Planeten und immer fernere Sonnen sichtbar und löste das Band der Milch-
straße in Milliarden einzelner Sterne auf. Zusammen mit
dem Aufschwung der Naturwissenschaften zertrümmerte
das alles die Fundamente der Sterndeutung und entkleidete
sie ihres Nimbus. Seit der Mitte des 18. und im 19. Jahrhundert schien sie im allgemeinen Bewußtsein tot, begraben
und vergessen.

Aber was ist schon so abgestorben und überwunden, daß
es sich nicht doch wieder rühren und sein Haupt zu erheben vermöchte? Die sozialen, politischen und geistigen Kri-
sen unseres Jahrhunderts weckten auf einmal die versunkene
und vermoderte Sterndeutung aus ihrem Schlaf in der Rum-
pel- und Kuriositätenkammer der Geschichte. Das im einzelnen zu analysieren und zu ergründen erforderte eine um-
fangreiche soziologische, gesellschaftswissenschaftliche und
weltanschauliche Studie; wir können sie hier nicht leisten.
Es ist offenkundig, daß die Astrologie überall dort, wo sie
Gelegenheit hat, sich in Zeitungen und Zeitschriften, in Büchern und sogar im Fernsehen gefällig zu präsentieren, ihren längst verblichenen Glanz auf neu poliert und ungeniert
ihre alten Verführungskünste entfaltet. Selbst im Zeitalter
der Raumfahrt, in dem Kosmonauten und wissenschaftliche

Apparaturen Mond und Planeten, den einstigen Sterngöttern, buchstäblich auf den Leib rücken, werden in vielen Ländern meist ganz simple Horoskope gestellt und einem häufig nicht allzu kritisch-wachen Publikum geschäftstüchtig serviert. Beim Barte des Propheten, mancherorts könnte wohl sogar der Barbier von Bagdad wieder Schule machen! Aber es gibt auch Versuche, sich die viel größeren technischen und wissenschaftlichen Möglichkeiten für sie nutzbar zu machen: Warum sollte ein Computer – wo er doch schon zu Ehevermittlungen taugt (den besten Partner fürs Leben mathematisch auszurechnen) – nicht auch ein Horoskop zu stellen vermögen!

Dabei ist es gar nicht so schwer, die geborstenen Fundamente und Säulen, auf die sich die Sterndeutung stützte, näher unter die enthüllende Lupe moderner Erkenntnis zu rücken.

Einer der Hauptpfeiler der Astrologie war das geozentrische Weltbild, das vor etwa 1850 Jahren von Claudius Ptolemaeus am ausführlichsten erläutert und begründet wurde. Abbildung 2 zeigt uns die Erde mit drei schwarzen Flächen anstelle von Festländern und Meeren im Zentrum des gesamten Weltgeschehens. Eingehüllt von Luft und Feuer, wird sie zunächst vom Mond umrundet, dem sich nach außen Merkur und Venus anschließen. Dann folgen Sonne, Mars, Jupiter, Saturn und die Fixsternsphäre mit den Tierkreiszeichen. (Diese sind hier ebenso wie die sieben Planeten oder Wandelsterne, Mond und Sonne eingeschlossen, nur durch ihre Symbole dargestellt.) Jenseits der Fixsterne müssen wir uns eine weitere Sphäre denken, die alle anderen umschließt und sie in unterschiedliche Bewegungen versetzt.

Es war eine in sich geschlossene Welt, in der sich das gesamte kosmische Geschehen auf den Mittelpunkt zu konzentrieren schien. Der Erde kam somit eine einzigartige Stellung im Weltganzen zu, und der Mensch als Krone der Schöpfung konnte sich deshalb in einer Situation fühlen, in der sich letztlich alles um ihn drehte. Sonne, Mond und Sterne waren da nicht nur Lampen, die ihm Tag und Nacht erhellen und das Maß der Zeit verkünden sollten. Als Zeiger an der majestätischen Himmelsuhr verrieten sie dem

Kundigen, was die Glocke geschlagen hatte, wie sich das Schicksal des einzelnen und der Völker gestalten würde. Abbildung 3, einem spätmittelalterlichen Buch entnommen,

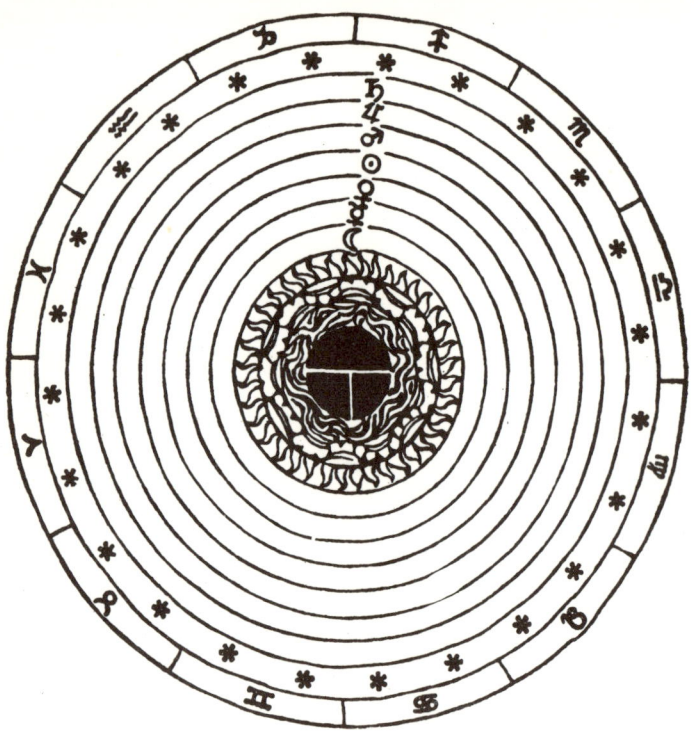

2 Das geozentrische Weltbild

verkörpert einen weiteren Schlüssel zum besseren Verständnis alter Weltbilder. Von vier kaum zu zügelnden Rossen gezogen, jagt Sol, der Sonnengott der Römer, über den Himmel. Auch die Griechen waren der Meinung, Helios, der Sonnengott, rase in einer Quadriga von Ost nach West über das Firmament. Nachts sollte er in einem goldenen Becher oder in einer Schale über den Okeanos nach Osten zurückfahren, wo er am Morgen erneut sein Viergespann mit den Rossen Licht, Glanz, Donner und Blitz bestieg.

Die Sonne, ja die Gestirne überhaupt als lebendige Wesen – das ist eine uralte, ganz ursprüngliche Vorstellung. Den Menschen früherer Zeiten schien schlechthin alles beseelt, mit eigenem Bewußtsein und Willen begabt: Steine,

Berge, Flüsse, Himmel und Erde und natürlich auch die Sterne. Je nach ihrer Helligkeit, Farbe und Bewegung verglich und identifizierte man diese mit Gottheiten wie den

3 Der Sonnengott mit seiner Quadriga

römischen Luna (Mond), Merkur, Venus, Sol, Mars, Jupiter und Saturn. Ihrem Charakter und Wesen sollten Einfluß und Wirkung auf der Erde entsprechen. Wem also zum Beispiel der Planet und Kriegsgott Mars schicksalsbestimmend am Himmel gestanden hatte, der konnte ebenfalls nur kriegerischen oder streitsüchtigen Sinnes sein. Name und Bedeutung waren eins. Anders gesagt: Wer etwa Biedermann heißt, müßte demnach auch ein Biedermann sein.

Zu der ursprünglichen Beseelung aller Dinge und der naiven Gleichsetzung von Namen und Wesen gesellte sich der tiefe Glaube an geheimnisvolle Zusammenhänge im gesamten Weltgeschehen. Alles schien miteinander durch eine unendliche Kette von Ursache und Wirkung unlösbar ver-

17

bunden, das Größte mit dem Kleinsten. Nichts war überflüssig oder zufällig, am Firmament schon gar nicht. »Es gibt«, meinte der römische Schriftsteller, Politiker und Redner Cicero, »am Himmel nicht Zufall noch Ungefähr noch Irrweg noch Eitelkeit, im Gegenteil durchaus nur Ordnung, Vernunft und Dauer.« Von oben aber schlang sich ein Band nach unten, vom Makrokosmos zum Mikrokosmos, alles kausal miteinander verknüpfend. Erschauernd fühlt Goethes Faust diese universellen Zusammenhänge, als er im Zauberbuch des Magiers und Astrologen Nostradamus das Zeichen des Makrokosmos betrachtet:

> »Wie alles sich zum Ganzen webt,
> Eins in dem andern wirkt und lebt!
> Wie Himmelskräfte auf und nieder steigen
> Und sich die goldnen Eimer reichen!
> Mit segenduftenden Schwingen
> Vom Himmel durch die Erde dringen,
> Harmonisch all das All durchdringen!«

Verständlicherweise hat diese grandiose mythische All-Einheit bereits ernsthafte Denker des Altertums fasziniert. Der Mensch als unentbehrlicher Teil dieses großen Ganzen erschien sogar als Sinn- und Abbild des Makrokosmos, der selbst als Lebewesen gedacht wurde. Eine alte Überlieferung verrät uns, »daß der Mensch nach dem Bilde und Gleichnis des Kosmos geformt und von den gleichen Gesetzen wie die Welt regiert wird«. Auf Abbildung 4 erkennen wir, wie dieser kosmische Mensch den Raum zwischen den Tierkreiszeichen ausfüllt. Ergänzend fügen wir eine mittelalterliche Interpretation von Ideen des griechischen Philosophen Aristoteles hinzu: »Die Urbilder der auf Erden entstehenden Dinge sind die Fixsterne, in ihnen finden sich viele Bilder und Figuren, und danach gibt es so viele Gestalten auch auf der Erde.« Letztlich sind deshalb kosmisches und irdisches Geschehen Spiegelbilder; so wie es unten zugeht, verhält es sich auch oben. –

Bei Lichte besehen, ist die Astrologie eine besondere Form religiösen Denkens, die so weit verbreitet und einflußreich war wie kaum eine andere Religion. Da die Sterndeuter ihre Horoskope mit mathematischen Methoden berechneten, verliehen sie ihren Voraussagen und Lehren den An-

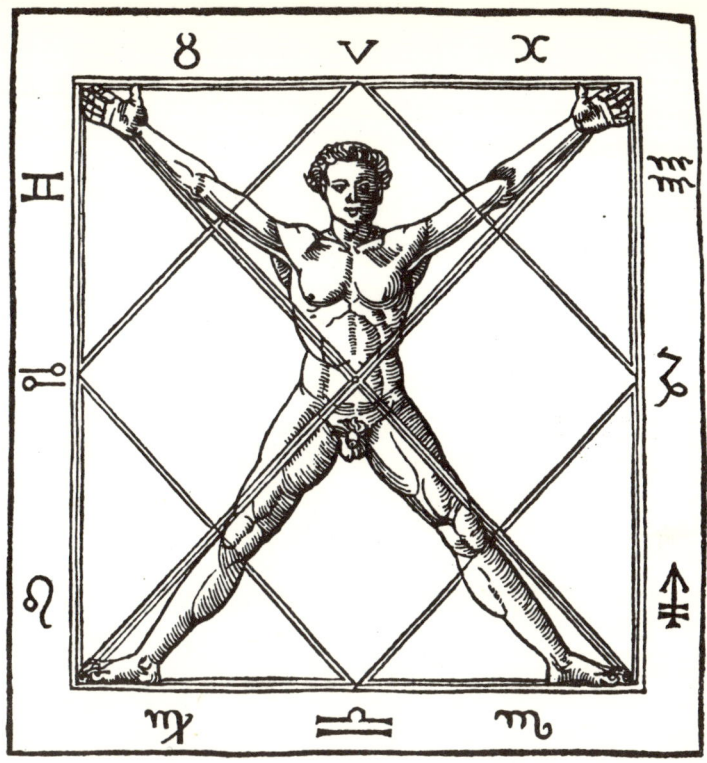

4 Der kosmische Mensch zwischen den Tierkreiszeichen

schein exakt wissenschaftlicher Begründung und Glaubwürdigkeit. Als eine Quintessenz seiner tiefschürfenden Studien schreibt der bereits erwähnte Franz Boll: »Man kann
unzählige wissenschaftliche Schriften, Dichtungen, Kunst-
und Bauwerke aller dieser Jahrhunderte vom Mittelalter bis
ins 18. Jahrhundert nicht verstehen, wenn man den astrologischen Untergrund verkennt.« Schon allein deshalb sollten wir an der Astrologie nicht einfach vorübergehen. Eine
nüchterne Analyse ihres Wesens legt die zerbrochenen Stützen bloß, die für viele gutgläubige Anhänger noch immer
als der Weisheit letzter Schluß gelten. Wenn wir uns nun
Planeten, Tierkreiszeichen und Horoskopen zuwenden, unternehmen wir zugleich einen Ausflug in Mythologie, Spekulation und Wirklichkeit.

PLANETEN

»Als Merkur und Jupiter
Sich im Zwilling grüßten,
Mars zugleich und Venus sich
in der Waage küßten,
Kam Cäcilchen auf die Welt –
Stier war in der Rüsten.
Ganz dieselbe Konjunktur
Hat sich mir gefunden,
So bin ich ihr zugesellt
Von der Gunst der Stunden
Und durch meine Sterne schon
Meinem Stern verbunden ...«

So besingen die »Carmina burana«, mittelalterliche Va-
gantenlieder, den bedeutungsvollen Stand der Planeten zur
Geburtsstunde Cäciliens und ihres Geliebten. In der Tat
scheint das Horoskop auf große Ereignisse im Leben der
beiden hinzuweisen, hatten doch Merkur, der geflügelte Göt-
terbote, und Jupiter, der würdevolle, aber galanten Abenteuern nicht abgeneigte Göttervater, eine Konjunktion, eine
Begegnung oder Zusammenkunft, im Tierkreiszeichen Zwillinge. Dort pflegten sie vermutlich geheimen Ratschluß oder
heckten gar irgendeine Verschwörung aus, die Merkur dann
auszuführen hatte. Und daß sich der ungestüme Kriegsgott
Mars mit der verführerischen Venus in der Waage traf,
läßt auf amouröse, doch nicht ungefährliche Abenteuer voller Sinneslust schließen.

Die im Lied erwähnten Planeten beschreiben, wie die
Wandelsterne überhaupt, ihre scheinbare Bahn etwa innerhalb der Tierkreiszeichen, und dort haben sie nach alter
astrologischer Lehre auch ihre besonderen Heimstätten, ihre
»Häuser«: Mond und Sonne je eins, die anderen fünf je
zwei, das eine für den Tag, das andere für die Nacht. Innerhalb ihrer Domizile entfalten die Planeten angeblich ihre

stärkste Wirkung, die durch eine ganze Reihe weiterer Faktoren erhöht oder vermindert, variiert und modifiziert wird, worauf wir vor allem in den Abschnitten »Tierkreiszeichen« und »Horoskope« noch näher eingehen werden.

5 Die Planetengöttin Venus in mittelalterlicher Tracht

Auf Abbildung 5 sehen wir das Tierkreiszeichen Waage als Taghaus und den Stier als Nachthaus der in den »Carmina burana« besungenen Planetengöttin Venus. Sie selbst ist als vornehme Dame in mittelalterlicher Tracht dargestellt, wohl mit einem Apfel, einer ihr geweihten Frucht, in der Hand. Der lange spitze Pfeil symbolisiert ihre Liebesglück verheißenden Strahlen, erinnert uns aber auch daran, daß ihr kecker Sohn Eros-Amor wahllos seine mit Liebesgift bestrichenen Pfeile auf jung und alt verschießt. Daß Venus, dem Lied zufolge, mit Mars in ihrem Taghaus schäkerte, während der Stier, ihr Nachthaus, in der Rüsten war, also zur Rüste, zur Ruhe, das heißt im Westen unterging, unterstreicht nur noch Bedeutung und Wirkung dieser Planetenkonjunktion. Merkurs Nachthaus bilden die Zwillinge, in denen er mit Jupiter zusammenkam. Hinzuzufügen wäre noch, daß Cäcilie, die Geliebte des Sängers, den Namen einer Märtyrerin trägt, die als Schutzpatronin der Musik und als Erfinderin der Orgel gilt. Außerdem sollen Menschen, die unter dem Einfluß des Merkur geboren werden, ein besonders inniges Verhältnis zur Musik haben und gern Orgelbauer und Orgelspieler werden (vergleiche Abbildung 7)! Selbst einem so kleinen Lied liegen also eine Menge astrologischer Bezüge zugrunde. Wir ahnen schon, was uns da erwartet, wenn wir uns nun im einzelnen den sieben Wandelsternen widmen. Beginnen wir also in der Reihenfolge des geozentrischen Weltbildes mit dem Mond.

Mond ☽

Ein ungewöhnliches, geheimnisvolles Liebesspiel, verbunden mit Flucht und Annäherung, mit Geburt und Wachsen, Reifen, Altern und Sterben, scheint sich aller neunundzwanzigeinhalb Tage zwischen Mond und Sonne am Himmel zu vollziehen.

Das Spiel beginnt kurz nach Sonnenuntergang, wenn der neue Mond zum ersten Male als schmale silberne Sichel über dem Westhorizont auftaucht. Von Tag zu Tag strebt er immer weiter von der Sonne fort, sich dabei zum Halbmond und zur vollen Scheibe wandelnd, die am östlichen Firmament ihren Lauf antritt, wenn die Sonne im Westen ihre Tagesbahn vollendet. Nachdem er sich so am weitesten von ihr entfernt hat, eilt der Mond nun wieder auf die Sonne zu, sich dabei wie vor Sehnsucht Stück für Stück verzehrend, bis er sie schließlich erreicht und in ihren Flammenarmen verschwindet. Doch sie läßt ihn wieder frei, als Sichel fängt er ein neues Leben an, fliehend, zurückkehrend, wachsend und vergehend, in ewiger Wiederkehr.

Wohl kein anderes Geschehen am Himmel hat die Phantasie so beflügelt wie das vermeintliche Verhalten und Schicksal des Mondes. Offenbar hatte er schon im Weltbild der Altsteinzeitjäger einen festen Platz. Sie glaubten wohl, daß er in enger Beziehung zu den Frauen stünde, deren monatliche Regel so merkwürdig mit der Zeitspanne seines Phasenrhythmus übereinstimmt. Auch als Sinnbild von Fruchtbarkeit und Zeugung, Geburt und Tod schien der Mond mit den Frauen eng verwandt. Vermutlich ist sein Gestaltenwandel schon vor über zwanzigtausend Jahren dazu benutzt worden, die Tage zu zählen und den Strom der Zeit zu messen. Welche Spuren der Erdtrabant in Mythologie, Kult und Kunst der frühen Hochkulturen, des Altertums, der Antike, bei den Völkern aller Erdteile hinterlassen hat, darüber ließe sich mehr als ein Buch schreiben. Vieles davon hat sich bis heute in Volksbräuchen und im Aberglauben erhalten.

Was wachsen und gedeihen soll, muß man danach zum Beispiel bei zunehmendem Mond säen oder pflanzen, was verdorren und verkommen soll, ist bei abnehmendem Mond zu mähen oder auszureißen. Haare und Nägel schneidet man am besten bei schwindendem oder bei Neumond. Wer Warzen hat, stellt sich ins Mondlicht und spricht: »Was ich ansehe, wächst. Was ich anrühre, nimmt ab.« Oder: »Was ich sehe, nehme zu, und was ich greife, nehme ab, wie der Tote im Grab.« Von den Mondphasen und ihrem Wechsel, so glaubte man, hingen Zu- oder Abnahme von Austern und Seeigeln, Kräutern und Pilzen, Beschleunigung oder Verzögerung einer Geburt, Beständigkeit oder Veränderlichkeit des Wetters sowie Regen, Sturm und Donnerschlag ab. Da sich in klaren, mondhellen Nächten oft die Luftfeuchtigkeit als Tau niederschlägt und der Mond mit für Ebbe und Flut verantwortlich ist, sollte er auch generell mit Feuchtigkeit und Wasser in Zusammenhang stehen.

Wegen seiner schnellen Bewegung durch die Tierkreiszeichen und der raschen Aufeinanderfolge seiner verschiedenen Phasen scheint der Mond ein unbeständiges, wankelmütiges, trügerisches und kurzlebiges Geschöpf zu sein, dessen fahles Licht allerlei Spuk- und Geisterwesen hervorlockt. Er ist auch der Herr aller bösen Magie und Zauberei und verführt Mondsüchtige zu gefährlichen Kletterpartien über Fenstersimse und Dächer. Andererseits ist er ein verschwiegener Freund aller Verliebten, Träumer und Romantiker. Und natürlich ist er ein wichtiger Faktor in den Horoskopen der Astrologen.

Warum er angeblich einen besonderen Einfluß auf das irdische Leben und Treiben ausübt, erläuterte der Schriftsteller, Arzt und Philosoph Agrippa von Nettesheim Anfang des 16. Jahrhunderts so: »Der Mond, als der Erde am nächsten, ist der Behälter aller himmlischen Einflüsse. Vermöge der Raschheit seines Laufes tritt er jeden Monat mit der Sonne und den übrigen Planeten und Gestirnen in Konjunktion;

er ist gleichsam die Gattin aller Sterne und der fruchtbar-
ste unter ihnen, und indem er die Strahlen und Einflüsse der
Sonne sowie der übrigen Planeten und Sterne aufnimmt und
sozusagen damit geschwängert wird, überliefert er sie sei-
nerseits der ihm zunächst befindlichen unteren Welt.«

Je nach seiner Stellung ist die vermeintliche Wirkung
des Mondes, der in der Astrologie als weiblich und passiv
gilt, also recht unterschiedlich. Wo er im Horoskop als die
bestimmende Kraft waltet, ruft er starke Gefühle, schnell
veränderliche Stimmungen, Grillen und Launen hervor. Die
von ihm abhängigen Menschen sind mitfühlend und romantischen Neigungen leicht zugänglich. Wirken andere
Wandelsterne ungünstig auf den Mond ein, so führt das bei
den Erdenkindern des Mondes zu übermäßiger Empfind-
sam- und Empfindlichkeit, zu Willensschwäche und unge-
zügeltem Triebleben. Vor allem den Frauen ist der Mond
wohlgesonnen, weckt und verstärkt er doch in ihnen alles
Weiche, Empfängliche, Hingebungsvolle. Auf beide Ge-
schlechter überträgt er eine labile Konstitution und Psyche.
Magen- und Darmtätigkeit werden von ihm ebenso beeinflußt wie der Flüssigkeitshaushalt des Körpers, das Drü-
sensystem sowie bei den Frauen Brust und Genitalien. Es
ist verblüffend, wie eng sich diese astrologischen Deutungen
und Voraussagen an die mythischen Überlieferungen aus
ferner Vergangenheit halten.

Aus den sogenannten Planetenkinder-Bildern erfahren
wir auf anschauliche und amüsante Weise, welche Berufe
und Tätigkeiten die Schützlinge der Wandelsterne bevorzugt ergreifen und ausüben. Abbildung 6 (nach dem um 1480
gedruckten »Mittelalterlichen Hausbuch«) stellt uns Frau
Luna (bei den Griechen hieß sie Selene) und ihre Kinder
vor. Auf dem reich geschmückten Roß reitet Luna mit ent-
rolltem Panier wie zu einem Turnier. Links von ihr ist der
Krebs als ihr Tierkreishaus für die Nacht wiedergegeben,
rechts die Mondsichel mit einem angedeuteten Gesicht. Unter Lunas Roß flattern Wasservögel durch die Luft, denn
sie gelten, wie die Lurche, als Mondtiere. (Nebenbei gesagt, Kürbisse, Gurken, Melonen und andere wasserreiche
Gewächse unterstehen gleichfalls dem Monde, während ihm
von den Metallen das Silber entspricht.)

24

6 Die Mondgöttin Luna und ihre Kinder

Die Vögel tummeln sich über einem Gewässer, auf dem
Menschen in Booten herumfahren und Fische fangen, eine
bei Mondkindern beliebte Erwerbsart. Zudem weisen die

Boote darauf hin, daß der unruhige Mond zur Seefahrt animiert. Er regt überhaupt zu Reisen an. Deshalb sind auch rechts im Bild Wandersleute und ein Reiter zu erblicken. In der Bildmitte vergnügen sich einige junge Leute in einem kleinen Teich. Schwimmen ist eine Betätigung, die der Mond wegen seiner engen Bindung ans Wasser stimuliert und fördert. Neben dem Teich tragen zwei Esel und ein Mann Getreidesäcke zur Mühle, nicht ohne tiefere Bedeutung. Mühlen werden doch durch Wind und Wasser angetrieben, daher fallen Mühlen und Müller ebenfalls unter die Zuständigkeit des Mondes. Im unteren Bildteil sehen wir schließlich allerlei fahrendes Volk, das einem staunenden Publikum seine akrobatischen Kunststücke, Taschenspielertricks und sonstigen Gaukeleien vorführt. Für all das fungiert der Mond gleichfalls als Mäzen und Schutzpatron. Er wäre also angeblich ein ziemlich zwiespältiger Geselle, dem wir mit einem gehörigen Schuß Skepsis und gesundem Mißtrauen zu begegnen hätten.

Merkur ☿

Nikolaus Kopernikus, der große Astronom und Begründer unseres modernen Weltbildes, soll noch auf dem Totenbett bedauert haben, daß er den Planeten Merkur nie zu Gesicht bekommen hätte. Vermutlich ist das nur eine Legende, an der aber zumindest soviel richtig ist, daß man Merkur in der Tat nicht allzu häufig gut beobachten kann. Als sonnennächster Planet kreist er innerhalb der Erdbahn in rund achtundachtzig Tagen um unser Tagesgestirn. Er hält sich also, von der Erde aus gesehen, stets nahe der Sonne auf und wird meist von deren Lichtfülle überblendet. Nur wenn sein scheinbarer Winkelabstand von dem Zentralgestirn in östlicher oder westlicher Richtung am größten ist, können wir ihn im Dämmerungsbereich kurze Zeit am Abend- oder Morgenhimmel sehen. Infolge seiner raschen Bewegung und seltenen Sichtbarkeit erweckt er den Eindruck, als müsse er immer in unmittelbarer Nachbarschaft der mächtigeren Sonnengottheit präsent sein, dabei jedoch in ihren Diensten ruhelos umhereilen, so daß er kaum zu finden und erblicken ist. Offenbar trug das ganz wesentlich zu seiner Deutung und Benennung als Planetengott bei.

Die alten Griechen verglichen und identifizierten den flinken Wandelstern mit Hermes, von dem sie sich eine Menge fesselnder und reizvoller Geschichten erzählten. Sein Vater, der Olympier Zeus, zeugte ihn nachts heimlich mit der Bergnymphe Maia in einer abgelegenen Gebirgsgrotte. Kaum geboren, bewies Hermes schon die erstaunlichsten Fähigkeiten und Fertigkeiten. Leise schlich er sich aus seiner Wiege, durchstreifte die Gegend, stieß auf eine Schildkröte, tötete sie, säuberte die Innenseite ihres Panzers, spannte Darmsaiten über die Schale und spielte klangvoll auf der so erfundenen Leier. Als es Abend wurde, bemerkte er am Fuße des Olymps die Rinderherden seines Halbbruders Apollon, aus denen er vierzig Tiere wegtrieb und sie sicher versteckte. Dann legte er sich wieder in seine Wiege, als ob nichts geschehen sei. Doch Apollon kam ihm auf die Spur. Empört bedrohte er den dreisten Säugling und verlangte die Rückgabe seines Eigentums. Hermes wäre aber nicht Hermes gewesen, wenn er nun nicht seine anderen göttlichen Künste entfaltet hätte: die Gabe zu besänftigender Rede und Überredung, das diplomatische Verhandeln, Vermitteln, Überzeugen. Mit gewinnendem Lächeln schenkte er dem erzürnten Apollon die schöne Leier; versöhnt umarmte dieser den kecken Bruder. Als Schutzgötter der Hirten und Herden waren sie fortan unterwegs, Leier und Flöte spielend, musikliebenden und sportlich begeisterten Jünglingen ein nacheifernswertes Vorbild. Zur Erinnerung an die denkwürdige Begebenheit hängte der Göttervater Zeus die Leier schließlich als Sternbild an das Himmelsgewölbe.

Zeus war zu Recht stolz auf seinen listen- und erfindungsreichen Sohn. Er ernannte ihn zum Götterboten, der mit seinem Würdezeichen, dem schlangenumwundenen Heroldsstab, mit geflügelten Schuhen oder mit dem Flügelhut im Nu vom Gipfel des Olymps zur Erde schwebte, Botschaften überbrachte, Aufträge erledigte, Streit schlichtete, seine Schutzbefohlenen unterstützte. In hellenistischer Zeit verschmolz mythologisierende Phantasie den gewandten, zuverlässigen Hermes mit dem altägyptischen Weisheitsgott Thot, dem Patron der Schreib- und Rechenkundigen, zum Hermes Trismegistos, zum Dreimalgroßen Hermes, dem

Erfinder und Begründer von Schrift, Mathematik, Astronomie und sonstiger Gelehrsamkeit. Die nüchtern und praktisch veranlagten Römer schätzten an Hermes mehr dessen Zuständigkeit für Handel, Wandel und Verkehr. Sie setzten ihn mit Mercurius gleich, dem Gott der Kaufleute, Händler und Handelsstädte. Noch heute sind Schlangenstab und Flügelhut Symbole der Kaufmannschaft.

Auch die modernen Astrologen sprechen dem Planeten Merkur Charakterzüge und Einflüsse zu, die im wesentlichen von der antiken Mythologie geprägt wurden. Männlich und weiblich zugleich soll der Merkur sein wie sein Sohn Hermaphroditos, in den sich die Quellnymphe Salmakis so sehr verliebt hatte, daß sie sich in grenzenloser Sehnsucht mit ihm zu einer zweigeschlechtlichen Gottheit vereinen ließ. Ganz ähnlich wie der Mond nimmt der Merkur das Wesen all jener Gestirne an, denen er während seines raschen Laufes begegnet. Deshalb gelten nach astrologischer Lehre Menschen, die unter seinem Einfluß geboren wurden, als besonders aufnahmebereit und empfänglich für Eindrücke aller Art, für alles Interessante, Wissenswerte, Künstlerische. Ihnen eignen Erfindungsgabe, handwerkliche und künstlerische Fertigkeiten sowie die Fähigkeit, Erfahrungen und wissenschaftliche Erkenntnisse in Wort und Schrift systematisch, methodisch und anschaulich zu vermitteln. Merkurkinder würden daher oft den Beruf eines Lehrers oder Journalisten ergreifen. Außerdem hält man den Planetengott für den Schutzherrn von Wissenschaftlern und Forschern. Logik, scharfer analytischer Verstand, Wortgewandtheit, Witz und Schlagfertigkeit sind ja, alter Mythologie zufolge, Wesensmerkmale des Merkur. Solche Begabungen sind für Diplomaten ebenso erforderlich und nutzbringend wie für Kritiker der Werke von Literatur, Malerei und Musik. Andererseits soll der Merkur bei ungünstiger Stellung zu anderen Planeten durchaus negativ wirken. Dann verwandeln sich Beweglichkeit, Reiselust, Anpassungsvermögen und diplomatisches Geschick in nervöse Reizbarkeit, Unselbständigkeit und Haltlosigkeit. Statt überzeugender Redner und geistreicher Philosophen hätten wir alberne Schwätzer, listenreiche Lügner, gewissenlose Aushorcher und gemeine Verleumder vor uns. Merkur, be-

7 Der Planetengott Merkur und seine Kinder

haupten die Astrologen, könne schädlich auf das Nerven-
system einwirken und Neurosen wie Psychosen bedingen
oder fördern. Auch Lunge, Atemwege und Gliedmaßen wä-

ren teilweise von ihm abhängig. Unter den Metallen entspräche ihm, seiner Natur gemäß, das Quecksilber.

Ein Bild nach dem »Mittelalterlichen Hausbuch« gibt uns noch weitere Aufschlüsse über die Kinder des Merkur (Abb. 7). Hoch zu Roß reitet er als älterer Mann über den Himmel. Die Zwillinge kennzeichnen sein Nachthaus, die Jungfrau symbolisiert sein Taghaus. Auf dem Panier ist ein Fuchs abgebildet, denn zu Merkur gehören die klugen, mit empfindlichen Sinnen ausgerüsteten Tiere. Links unterhalb des Reiters steht eine komplizierte Räderuhr auf einem Tisch zum Zeichen, daß sich die Uhrmacher der besonderen Gunst Merkurs erfreuen. Der Mann mit dem Pendelquadranten daneben mißt gerade die Höhe irgendeines Gestirns über dem Horizont. Merkur ist nämlich auch Schutzpatron der Himmelsforscher und der Lehrer, von denen einer seinem ängstlich dreinschauenden Schüler wohl einige Hiebe auf das entblößte Hinterteil verabreicht. Zu beiden Seiten des Mediziners sitzen Männer, die Bücher in den Händen halten, unentbehrliche Hilfsmittel für Schüler, Studenten und Gelehrte. Vermutlich soll der Beutel zu Füßen des barhäuptigen lesenden Mannes auf einen Kaufmann hinweisen, der in Geschäften unterwegs ist und sein Geschick Merkur anempfohlen hat. Diesem unterstehen, wie uns das Bild verdeutlicht, die Orgelbauer und -spieler, die Maler, Holzbildhauer und Goldschmiede. Ein Vertreter dieser Zunft formt ein Gefäß über einem Amboß, wobei ihm heimlich ein verwegen blickender Mann zuschaut. Er will wohl unbemerkt etwas stehlen und hofft dabei vielleicht auf Merkurs Unterstützung. Dem Gott, der schon als Säugling Apollons Rinder entführte, schrieb man nämlich allerlei Diebesgeschichten zu.

Schließlich ist noch ein vornehmes Paar an einem reich gedeckten Tisch wiedergegeben. Nicht kulinarische Schlemmerei soll hier gepriesen werden, sondern die belebende Kraft des wegekundigen Merkur, der Speise und Trank sicher zu den Hungrigen und Durstigen gelangen läßt. Merkurs Eigenschaften scheinen uns recht sympathisch, wenn wir es auch nicht gerade mit den Dieben halten. Den »Merkur-Kindern« könnten wir also mit listigem Augenzwinkern zurufen: Freut Euch Eurer Gaben und Eures Lebens!

Venus ♀

Ihre Geburt war seltsam. Uranos, der Himmel, senkte sich jede Nacht auf seine Gattin Gaia, die Erde, um mit ihr Beilager zu halten. Seine Kinder sperrte er tief in den Höhlungen der Erde ein. Gaia stöhnte unter der zunehmenden Last und unerträglichen Enge. Sie überredete daher Kronos, ihren Sohn, zu einer schaurigen, aber notwendigen Tat. Als Uranos wieder herabkam, entmannte ihn Kronos mit einer scharfen Sichel. Seitdem blieb der Himmel weit von der Erde entfernt, auf der sich nun endlich alles Leben ungestört entfalten konnte. So entstand aus der gewaltsamen Trennung des Männlichen vom Weiblichen die eigentliche Welt.

Das dem Uranos abgeschnittene Glied fiel ins Meer und schwamm dort lange umher, bis aus ihm Aphrodite hervorging, die Schaumgeborne, aus dem Meer Auftauchende. Ursprünglich eine orientalische Gottheit, wurde sie auch von den Griechen und schließlich von den Römern verehrt, die sie Venus nannten. Beide Völker bezeichneten nach ihr den herrlich strahlenden Planeten, der innerhalb der Erdbahn die Sonne in zweihundertfünfundzwanzig Tagen umläuft und in hellem Glanz als Abend- oder Morgenstern bereits in früher Dämmerung am Firmament sichtbar wird. Sein Anblick hat schon die Babylonier vor über dreitausendfünfhundert Jahren fasziniert, wie lange Beobachtungsreihen auf Keilschrifttafeln zeigen.

Von Aphrodite-Venus erzählte man sich, sie sei mit Hephaistos, dem Gott des Feuers und der Schmiedekunst, verheiratet gewesen, habe ihn aber, wie schon angedeutet, mit dem draufgängerischen Kriegsgott Ares-Mars betrogen. Doch der allessehende Sonnengott verriet Hephaistos das geheime Stelldichein. Dieser schmiedete ein feines, unzerreißbares Netz, in dem sich das ahnungslose Paar verfing und nun in Schreck und Scham den Spott und Hohn der rasch herbeigerufenen Götterfamilie über sich ergehen lassen mußte. Aus dem Verhältnis der beiden Ertappten ging Eros-Amor hervor, der spitzbübische Junge mit dem heimtückischen Liebespfeil und Bogen.

Aphrodite-Venus hielten Griechen und Römer für die

gabenreiche und fruchtbare Göttin des blühenden Frühlings und der überströmenden Frühlingslust, für die Beschützerin der Gärten, Blumen und Lusthaine. Ihre Lieblingsgewächse waren Myrten, Rosen und Lilien, ihre Frucht der Apfel, ihre bevorzugten Tiere Widder und Böcke, Hasen, Tauben, Sperlinge und die bunten Schmetterlinge.

Vor allem aber galt Aphrodite-Venus als eine Frau, deren unvergleichliche Schönheit selbst die Dichter nur unvollkommen zu besingen vermochten. Was besagen schon Worte wie goldene Aphrodite, göttlicher Wuchs, strahlende Augen, verlockender Blick, lieblicher rosenknospiger Mund, zierliche Ohren, schöner Nacken, reizender Busen! Auserlesen waren ihre Kleidung, ihr Schmuck, all die Edelsteine des Halsbands, der Ohrringe und Spangen. Ihren jugendlichen Körper erfrischte sie durch häufige Bäder und pflegte ihn mit duftenden Salben.

Eine solche Gottheit konnte, ja mußte wohl in engster Beziehung zu den intimsten Bereichen des menschlichen Lebens stehen. Eifersüchtig wachte sie über eheliche Liebe, Zeugung und Kindersegen. Ihr Sohn Äneas, der aus dem von den Griechen eroberten Troja an der Westküste Kleinasiens nach Italien geflohen war, wurde der Legende nach zum Stammvater der Römer. Caesar ließ Venus als Ahnmutter seines eigenen Geschlechts, der Julier, feiern, sein Adoptivsohn Augustus ahmte ihn darin nach, und so gelangte die Planetengöttin sogar in die große Politik. Als unwiderstehliche Herzensbrecherin stiftete sie durch ihre körperlichen Reize und raffinierten Verführungskünste turbulente Verwirrungen, glückliche und unglückliche Affären, persönliche und politische Ränkespiele. Die Mädchen, die sich Aphrodite zum Beispiel in der Hafenstadt Korinth als Dienerinnen geweiht hatten, belebten den Gottesdienst durch Tanz und Musik und entzückten die Gläubigen durch willige Hingabe. Wen wundert es da, daß sie auch von den Hetären als Schutzgöttin angerufen wurde, den Freudenmädchen also, von denen in der Antike viele über eine gediegene musische und philosophische Bildung verfügten.

Genug davon. Wir reden scheinbar nur über Mythologisches und Kulturgeschichtliches, befinden uns in Wirklichkeit aber schon längst mitten im astrologischen Gedanken-

8 Die Planetengöttin Venus und ihre Kinder

gut. Denn die Sterndeuter haben zu allen Zeiten ihre Voraussagen auch auf die vermeintlichen Eigenschaften und
Zuständigkeiten von Aphrodite-Venus gestützt. Weiblich

und passiv, wird sie das »Kleine Glück« genannt, weil sie sich mehr den alltäglichen Dingen und Belangen zuwendet. Angeblich verleiht sie eine anmutige Gestalt und langwährende Schönheit, runde, glänzende Augen und ein hübsches Gesicht sowie üppigen Haarwuchs. Die von ihr beeinflußten Menschen wären anziehend und gewinnend, freundlich und heiter, geistreich und kultiviert, phantasievoll und kunstverständig, gefühlsbetont und leidenschaftlich, aber auch ruhig und nach Harmonie strebend. Sie liebten Wohlleben und Luxus und hätten Freude an Musik, Malerei und Dichtkunst, Gesang und Tanz. Ungünstige Venusaspekte würden dagegen zu Leichtsinn und Unbeständigkeit, Eitelkeit und Wollust führen. Erstaunlich viele Berufe und Tätigkeiten sollen der Venus unterstehen: die der Künstler, Kunsthandwerker, Friseure, Goldschmiede, Juweliere, Köche, Gastwirte, Tänzer, Jäger, Dirnen und Kuppler. Was die menschliche Physis betrifft, reguliere sie die Drüsenfunktionen, den Hormonhaushalt, den Unterleib und die weiblichen Sexualorgane. Von den Farben entsprächen ihr Rosa und Hellblau, von den Kleinodien die Perlen und von den Metallen das Kupfer. Ihre Lieblingspflanzen und -tiere haben wir schon erwähnt.

Das »Mittelalterliche Hausbuch« stellt uns Venus als kostbar gekleidete und geschmückte Dame auf prächtig herausgeputztem Roß vor (Abb. 8). Die Tierkreiszeichen Waage und Stier symbolisieren ihr Tag- und ihr Nachthaus. Wir sehen, wie angenehm und vergnüglich sich die Venuskinder zu amüsieren wissen. Ein Liebespaar hält sich etwas abseits von der fröhlichen Gesellschaft auf einem Lager aus Laub und Gräsern lustvoll umschlungen. Andere spielen Karten oder musizieren mit Handtrommeln, Horn und Drehleier. Zum Schall der Trompeten schreiten vornehme Herrschaften zum Tanz. In einer Art Liebeslaube steigt eine Frau, vermutlich eine Dirne, zu einem Mann ins Bad, der schon sehnsüchtig die Arme nach ihr ausstreckt. Venuskinder pflegen also das Beisammensein auf vielfältige Weise. Heiter und unbeschwert genießen sie das Leben. Darin möchten ihnen sicher viele nacheifern, auch wenn sie keine Venuskinder sind. An dem strahlenden Glanze des Abend- und Morgensterns zu erfreuen vermag sich aber jeder.

Sonne ☉

»Du erglänzest schön im Himmelshorizont, Du lebender Aton, der am Uranfang lebte. Wenn Du aufgehst am östlichen Horizont, so erleuchtest Du jedes Land durch Deine Schönheit. Wenn Du herrlich und groß und glänzend und hoch über jedem Lande bist, umarmen Deine Strahlen die Länder bis zum Ende alles dessen, das Du geschaffen hast ... Du schaffst die Jahreszeiten, um alles, was Du schufst, zu beleben ... Du hast den fernen Himmel geschaffen, um an ihm aufzugehen und alles zu sehen, was Du geschaffen hast ... Du schaffst Millionen von Erscheinungen durch Dich, wenn Du auch allein bist; Städte, Orte und Felder, Weg und Strom – alle Augen insgesamt blicken auf Dich, wenn Du, der Aton des Tages, über der Erde bist ...«

Tiefe Ehrfurcht prägt diesen Sonnenhymnus, den der Pharao Echnaton vor rund 3500 Jahren dichtete (Übersetzung von Günther Roeder). So überwältigt war der »Ketzerkönig« von der Schöpferkraft und Allmacht der Sonne, daß er die Verehrung aller anderen Gottheiten rücksichtslos unterdrückte. Zum Zeichen, daß Aton, der Sonnengott, alles schafft und erhält, wurde er als Scheibe mit langen, in Hände auslaufenden Strahlen versinnbildlicht. Allerdings sind Erscheinung und Wirkung des Tagesgestirns so großartig und gewaltig, daß ihm alle alten Völker einen besonderen Platz im Weltgeschehen und im Kult einräumten. Ohne Sonne kein Leben! lautet die Kurzformel der sicher uralten Erkenntnis. Deshalb opferten die Völker Mittelamerikas der Sonne Blut und Herzen von Tausenden gefangener Krieger, damit sich die Gottheit sättigen und für ihre vornehmste Aufgabe stärken könne, täglich den Himmelsberg hinauf- und hinabzusteigen, um die kosmische und irdische Ordnung aufrechtzuerhalten.

Wenn Helios-Sol, der brennende, leuchtende Sonnengott der Griechen und Römer, im Wagen mit seinen vier schneeweißen, licht- und feuersprühenden Rossen über das Firmament jagte, blieb ihm kein Tun auf Erden verborgen. Er sah alles, was geschah, kannte die Wahrheit und diente daher als Schwurzeuge. Dem personifizierenden Weltbild und den frühen, autoritären Gesellschaftsstrukturen entsprach die Behauptung der Mächtigen, sie selbst seien leibliche Kinder der Sonne und von dieser zur Herrschaft über die Menschen berufen und eingesetzt. Das galt bei den Ägyptern ebenso wie bei den Inkas in Südamerika. Ganz bewußt ließen sich die römischen Kaiser auf ihren Münzen mit strahlenumglänztem Haupt darstellen. Würde, Glanz und Machtanspruch des Deus Sol Invictus, des unbesiegbaren Sonnengottes, sollten sich auf sie als »Herrn und Gott« übertragen.

Aus den reichlich fließenden mythologischen Quellen zapften auch die Astrologen ihre Vorstellungen und Aussagen über die Sonne. Astrologie und Mythologie gehen hier wieder wie ein vertrautes Liebespaar Hand in Hand. Die orientalischen Sterndeuter sprachen der Sonne als »Herz der Welt« und belebendem Prinzip im Kosmos ebenfalls die entscheidende Rolle im gesamten Weltgeschehen zu. Verblüffend modern mutet uns der Gedanke an, durch ihre wechselweise anziehende und abstoßende Kraft bewirke die Sonne den Umschwung des Himmelsgewölbes und den Lauf der Planeten. Verständlicherweise sah man deshalb in ihr den Herrn des Schicksals und den Gebieter über alle Kreatur. In ihrer makellosen Reinheit schien sie Wohnsitz aller Seelen zu sein, die sie in den Körper der Neugeborenen entsandte und nach dem Hinscheiden der leiblichen Hülle zur Läuterung von den irdischen Schlacken und Sünden wieder in ihre reinigende Flammenglut aufnahm.

Astrologische Lehre charakterisiert die Sonne als männlich, aktiv, vital und energisch. Sie gestaltet Kinder nach ihrer eigenen Art. Die vielen positiven Attribute des Sonnengottes sollen natürlich auch für seine Geschöpfe gelten. Wir hätten es dann oft mit nahezu idealen Persönlichkeiten zu tun, mit kraftvollen Menschen voller Gesundheit, die im Glanze von Würden und Ämtern in Wohlstand und Sicherheit leben. Herrschen und Befehlen sind ihnen angeblich angeboren. So fällt es ihnen leicht, Anordnungen zu treffen, wichtige Unternehmungen zu leiten, sich mit ihren Ansichten und Meinungen durchzusetzen. Überhaupt zeichnet sie ein unwiderstehlicher Drang nach Ruhm, Karriere und Einfluß aus. Solche Menschen verfügen über ein imponierendes Selbstbewußtsein und über eine unbezähmbare Tatkraft. Mit starkem Willen begabt, scheuen sie auch

9 Der Sonnengott Sol und seine Kinder

das Risiko nicht. Bereitwillig übernehmen und tragen sie Verantwortung, die man ihnen gern anvertraut, sind sie doch zuverlässig und ehrlich. Stets optimistisch, verfolgen sie ehrgeizig ihre Ziele. Da sie sich ihres Wertes und Besitzes wohl bewußt sind, können sie ohne Schaden und Gesichtsverlust Großmut und Freigiebigkeit demonstrieren. Alles Kleinliche und Niedrige ist ihnen verhaßt. Stehen die Sonne und damit ihre Kinder jedoch unter der Wirkung ungünstiger Aspekte, so sollen die Folgen durchaus negativ sein und sich in Herrschsucht und Egoismus, in Rücksichtslosigkeit, Eitelkeit und übersteigertem Geltungsbedürfnis äußern.

Soweit die Astrologen, die hier das Füllhorn der Sonnenmythologie reichlich über die vermeintlichen Schützlinge von Helios-Sol ausgeleert haben. Was den menschlichen Körper betrifft, meinen die Sterndeuter, unterstünden der Sonne als bewegender Kraft natürlich Herz und Blutkreislauf. In der Natur entspräche ihr alles, was ihrem Glanz oder einer ihrer zahlreichen anderen Qualitäten zu ähneln scheint. Von den Tieren würde sie alle lieben, die vor Kraft strotzen und sich als besonders mutig erweisen. Unter den Pflanzen hätte sie sich Sonnen- und Lotosblumen sowie alle jene Gewächse auserkoren, die sich in besonderem Maße ihrem Lichte zuwenden. Aus den Metallen erwählte sie sich, wie sollte es anders sein, das ihrem Range und ihrer Farbe vergleichbare Gold.

Auch im »Mittelalterlichen Hausbuch« tritt die Sonne als stolzer Herrscher mit Krone, Zepter und Panier auf (Abb. 9). Als ihr Tages-Tierkreishaus ist der Löwe dargestellt; sie selbst wird noch durch eine Strahlenscheibe versinnbildlicht. Unterhalb von Roß und Reiter üben sich die Sonnenkinder, ihrer Veranlagung und Kraft gemäß, in allerlei Kampfspielen. Sie fechten mit langen Stöcken, ringen miteinander und probieren, wer schwere Steine am weitesten zu stoßen vermag. Eine kleine Kirche mit dem Gekreuzigten und den ihn Anbetenden weist uns darauf hin, daß Christus die »Sonne der Gerechtigkeit«, den »Kosmokrator« und »Pantokrator«, den »Weltenherrscher« und »Allherrscher« verkörpert. Am Eingang zum Gotteshaus erhält ein Lahmer ein Almosen, denn Mildtätigkeit und Barmherzigkeit gelten als Charaktereigenschaften der Sonnenschützlinge. Im rechten unteren Bildteil wird das müßige Leben vornehmer Herrschaften geschildert. Ein Hofnarr mit

Schalkskappe und Flöte trägt zur Unterhaltung eines Pär-
chens bei. Andere Musikanten spielen auf Blasinstrumenten
oder auf Laute und Tamburin. Sie vergnügen damit Damen und Herren an einem runden Tische. Einer der Edel-
leute hat einen Falken auf seinem Arm. Sie sind Menschen
auf der Sonnenseite des Daseins. Nur der Bettler vor der
Tür der Kirche erinnert daran, daß abseits von all diesem
unbeschwerten Getriebe viele im Schatten dahinvegetieren
müssen.

Mars ♂

»The War of the Worlds«, »Kampf der Welten«, lautet der
dramatische Titel eines utopischen Romans des Engländers
H. G. Wells. Kriegerische Bewohner des Planeten Mars lan-
den mit gewaltigen Raketen auf der Erde, um diese in Besitz zu nehmen und zu kolonisieren. Aber die hochtechni-
sierten Marswesen haben ihre Rechnung ohne die irdischen
Bakterien angestellt, die mit ihnen bald kurzen Prozeß machen. Diese spannende Geschichte wurde am 13. Februar
1948 in Quito, der Hauptstadt Ekuadors, als scheinbar wirk-
lichkeitsgetreues, furchterregendes Hörspiel gesendet. Doch
viele Zuhörer nahmen die Invasion voller Entsetzen zunächst für bare Münze. Als die Wahrheit bekannt wurde,
löste sich der Schreck nicht etwa in Wohlgefallen auf, sondern entlud sich eruptiv gegen den Rundfunksender und die
Zeitung, die ihn betrieb. Militär mußte mit Panzern und
Tränengas eingreifen. Traurige Folge des »utopischen Scher-
zes« und unwissender Leichtgläubigkeit waren ein völlig
zerstörter Sender, ein ausgebranntes Zeitungsgebäude, fünf-
zehn Tote und viele Verletzte. Mars, das »Kleine Unglück«,
der »Übeltäter«, wie ihn die Astrologen nennen, schien wieder einmal seinem schlimmen Rufe alle Ehre gemacht zu
haben. Daß er von vernunftbegabten Wesen bevölkert sei,
galt allerdings eine Zeitlang als seriöse Annahme, nachdem
der italienische Astronom Schiaparelli 1877 auf der Mars-
oberfläche vermeintliche Kanäle entdeckt hatte, die Meere
und Seen miteinander verbinden sollten.

Der Mars kreist außerhalb der Erdbahn in fast zwei Jahren einmal um die Sonne. In regelmäßigen Zeitabständen

holt ihn die Erde dabei ein und läßt ihn wieder hinter sich
zurück. Am Himmel spiegelt sich das in einer auffälligen
Schleifenbewegung wider: Während die Erde den Mars
überrundet, wird dieser auf seinem Wege von West nach
Ost scheinbar langsamer, bleibt stehen, kehrt um, hält erneut an und setzt schließlich seine Bahn in der üblichen
Weise fort. Wenn er diese merkwürdige Schleife zu beschreiben scheint, steht er in Opposition oder Gegenschein
zur Sonne und zugleich in Erdnähe. Je nach der wechselnden
Entfernung von unserem Heimatplaneten nimmt das röt-
liche Licht des Mars zu oder ab. Bildlich gesprochen sieht es
so aus, als ob ihm während der Opposition in anstrengen-
dem Kampf die Zornadern an- oder abschwellen.

Durch äußeren Anschein ist schon mancher in Verruf geraten, auch der Mars. Schon im Altertum brachte man ihn
wegen seines rötlichen Aussehens mit Krieg, Brand und Unheil in Verbindung. »Der mit dem Tod Gesättigte« hieß er
bezeichnenderweise bei den Babyloniern, die ihn mit ihrem
Kriegs-, Pest- und Totengott Nergal identifizierten. Ganz
allgemein galt er bei ihnen als unheilbringender, aufrühre-
rischer und feindseliger Planet, der das Getreide, die Dat-
teln, das Vieh, den Fischlaich schädigen, das Land mit Zer-
störung überziehen und den König mit gewaltsamem Tode
bedrohen sollte. Auch für die Säuglinge schien dieser Un-
heilsstern gefährlich: »Wenn ein Kind geboren wird, während der Mars aufgeht, wird es krank werden, Schaden nehmen und schnell sterben.« Greuliche Dinge werden uns immer wieder von oder im Zusammenhang mit ihm berichtet.
Angehörige der Sabier, einer arabischen Sekte, hätten sich
an einem Dienstag, dem Regentschaftstag des Mars, im Tempel des Planetengottes versammelt, als dieser gerade im
Süden seinen höchsten Stand über dem Horizont erreichte.
Rot gekleidet, mit Blut bestrichen, mit entblößten Dolchen
und Schwertern hätten sie einen rothaarigen Mann in einem Behälter mit Öl und Medikamenten erstickt. Ein Jahr
lang wäre der Leichnam in der Flüssigkeit geblieben. Dann
hätte man ihm den Kopf abgetrennt und diesen dem Mars
geopfert. Sieben Tage lang soll der Kopf anschließend prophezeit haben, was das künftige Jahr an Glück und Unglück mit sich bringen werde.

Die Griechen sahen in dem Planeten eine Verkörperung ihres Kriegsgottes Ares, der, ganz in Waffen gehüllt, mit seinen beiden unzertrennlichen Begleitern Furcht und Schrecken die Länder mit Tod und Verwüstung verheerte. Mit dem in wilder Wut brüllenden und um sich schlagenden Ares verglichen die Römer ihren Vegetations- und Kriegsgott Mars. Nach ihm ist der Frühlingsmonat März benannt worden. Auch in dem Wort martialisch, kriegerisch, wild, lebt noch der vermeintliche Charakter des Gottes weiter. Romulus und Remus, die legendären Gründer Roms, wären seine leiblichen Söhne gewesen. Gewalttätig und jähzornig wie sein Vater, erschlug Romulus seinen Bruder Remus, als dieser, um ihn zu verspotten, über die von Romulus erbaute Stadtmauer sprang.

Was man Ares-Mars alles nachsagte, haben die Astrologen getreulich in ihr Lehrgebäude übernommen. Unerträgliche Hitze schreiben sie ihm zu, durch die Feld und Wald verdorrt. Im Horoskop würde er auf Krankheiten, Unfälle und Streitigkeiten hinweisen. Als männlich-aktiver, energischer und leidenschaftlicher Planetengott verleihe er den unter seinem Einfluß geborenen Menschen Mut und Entschlossenheit, Tatendrang und Durchsetzungsvermögen. Sie wären meist von jugendlicher Erscheinung, anregend, Impulse gebend, praktisch und erfolgreich sowie mit kühnem Pioniergeist begabt. Gefährliche Situationen könnten sie schnell überblicken und rasch meistern. Stolz und selbstbewußt, gerade und ehrlich, zeichne sie jedoch ein heftiges, cholerisches Temperament aus. Stets schienen sie leicht reizbar und ungeduldig. Tugenden, die man Mars ja nicht abstreiten könne, verwandelten sich in ungünstiger Stellung des Planeten in recht negative Verhaltensweisen. Die Betroffenen verhielten sich dann besonders rücksichtslos und gewalttätig, hart und grausam, brutal und sadistisch. Aufrührerisch und mißtrauisch rebellierten sie gegen jede Ordnung und Pflicht.

Bevorzugte Berufe der Mars-Schützlinge wären die des Soldaten, Polizisten und Arztes, vor allem des Chirurgen. Im Körper wirke er sich auf die männlichen Sexualorgane, die Blase, die Muskelfunktionen sowie auf das Gesicht und die Augen aus. Als seine Attribute gelten Wolf und Speer, als sein Element das lodernde Feuer und sein Metall das Eisen. Von den Tieren unterstünden ihm die räuberischen und giftigen, von den Pflanzen die scharfen und bitteren, brennenden und stechenden.

Das »Mittelalterliche Hausbuch« führt uns Mars als gepanzerten Ritter vor Augen, der vom Widder als seinem Nachthaus und vom Skorpion als seinem Taghaus umgeben ist (Abb. 10). Die Marskinder verhalten sich so, wie es der Künstler vielleicht selbst am eigenen Leibe schmerzlich erfahren hat. Seine Darstellung ist ein erschreckendes Zeitgemälde. Ritter und ihre Knechte überfallen ein friedliches Dorf, das im Gegensatz zu Burg und Stadt im Hintergrund unbefestigt ist. Sie brandschatzen und stehlen, was nicht niet- und nagelfest ist; auch Rinder und Schweine treiben sie fort. Während die Frauen wehklagen, setzen sich die Bauern tapfer zur Wehr. Gegenüber den besser bewaffneten Angreifern sind sie jedoch im Nachteil. Raub, Mord, Plünderung und Gefangennahme ist deren Devise. Es sind die Begleiterscheinungen der Kriegsfurie, die zu allen Zeiten Not und Tod gebracht hat, für die Mars als Sündenbock herhalten mußte.

Jupiter ♃

Von einem reifen, in Amt und Würden befindlichen, an der Schwelle des Alters stehenden Mann erwartet wohl jeder eine ruhige, gemessene Art, ein überlegtes, ausgeglichenes Handeln, ein besonnenes, gerechtes Urteil, ein respektgebietendes, repräsentatives Auftreten. Betrachten wir uns nach diesen Gesichtspunkten die Planeten, so scheint ihnen am besten der Jupiter zu entsprechen. Er leuchtet fast so hell wie die Venus, strahlt in einem milden Licht und wandelt sozusagen würdevollen Schrittes in rund zwölf Jahren seine Bahn um die Sonne entlang. Da lag der Vergleich mit einer königlichen Gottheit, einem Herrscher über Götter und Menschen nahe. In der griechischen Mythologie hieß dieser Repräsentant kosmischer und irdischer Ordnung Zeus. Er war ein alter indoeuropäischer Himmelsgott, ein Wolkensammler, der, auf den höchsten Bergspitzen thronend, Blitz, Donner und Regen sandte.

10 Der Planetengott Mars und seine Kinder

Schon mit seiner Geburt verknüpften sich dramatische Ereignisse. Sein Vater Kronos verschlang alle die von ihm ge-
zeugten Kinder, damit sie ihm später nicht die Herrschaft

streitig machen konnten. Als Zeus, der jüngste Sohn, geboren wurde, reichte Rhea, seine Mutter, ihrem Gemahl statt des Kindes einen Stein, den Kronos unbesehen verschlang. Später trat Zeus tatsächlich zum Kampf gegen den Vater an. Er stieß ihn vom Thron und zwang ihn, die verschluckten, jedoch unsterblichen Kinder wieder von sich zu geben. Auch andere Kriege gegen Titanen und Giganten entschied Zeus für sich. Das war zugleich ein Triumph über alles Unholde, Wüste, Unordentliche. So wurde er zum Ordner aller Dinge, zum Gesetzgeber für Götter und Menschen, für Staat und Familie. Als gerechter, aber milder und weiser Richter wachte er über die Wahrhaftigkeit des Eides und die Beständigkeit der Treue. Er war der große Schutzpatron, der die nationale Freiheit gewährleistete, die Grenzen sicherte, Land und Stadt, Haus und Familie vor Unheil bewahrte, das Eigentum garantierte, das Gastrecht heiligte und dem bußfertigen Verbrecher Gnade verhieß. Man hielt ihn für den furchtlosen Anführer in der Schlacht und den zuverlässigen Retter aus aller Not. Geradezu populär aber war er, so seltsam das bei einem derart achtunggebietenden und honorigen Gott auch klingen mag, wegen seiner vielen Liebesaffären mit Göttinnen und sterblichen Frauen. Es würde eine lange Reihe, zählten wir alle die amourösen Abenteuer und die aus ihnen hervorgegangenen Kinder auf. Dabei war Zeus mit seiner Schwester Hera verheiratet und galt als Schirmherr der Ehe! «Quod licet Jovi, non licet bovi.» »Was Jupiter erlaubt ist, ist darum dem Ochsen noch nicht erlaubt«, oder, freier übersetzt: »Eines schickt sich nicht für alle!« Der wirklich Mächtige, das wußten nicht nur Griechen und Römer, erlaubt sich eben ungestraft sehr viel mehr als Herr Müller oder Frau Schulze.

Jupiter, »den Besten und Größten«, den Herrn des Himmels, des Lichtes und des Wetters, identifizierten die Römer mit dem Göttervater Zeus. In der Tracht Jupiters fuhren die glorreichen Feldherren zu dessen Tempel auf dem Kapitol, wo sie der Statue des Gottes den Siegeslorbeer überbrachten. Diesem gewaltigen Gotte beziehungsweise seinem Planeten zollen auch die Astrologen den nötigen Respekt. »Fortuna maior« ist er für sie, das »Große Glück« als Ergänzung zur Venus, dem »Kleinen Glück«. Beide Planeten seien Wohltäter, die belebende, fruchtbare Feuchtigkeit spendeten im Gegensatz zu Mars, dem »Kleinen Unglück«, dem »Übeltäter«, der durch Trockenheit und Dürre Schaden anrichte. Wallenstein, der berühmte und gefürchtete Heerführer im Dreißigjährigen Krieg, wähnte sich unter dem besonderen Schutze von Jupiter und Venus. In Friedrich Schillers Drama »Wallenstein« antwortet er deshalb seinem Astrologen:

»Seni: Nur noch die Venus laß mich
    Betrachten, Hoheit! Eben geht sie auf.
    Wie eine Sonne glänzt sie in dem Osten.
Wallenstein: Ja, sie ist jetzt in ihrer Erdennäh'
    Und wirkt herab mit allen ihren Stärken.
    Glückseliger Aspekt! So stellt sich endlich
    Die große Drei verhängnisvoll zusammen
    Und beide Segenssterne, Jupiter
    Und Venus, nehmen den verderblichen,
    Den tück'schen Mars in ihre Mitte, zwingen
    Den alten Schadenstifter mir zu dienen.
    Denn lange war er feindlich mir gesinnt …
    Und störte ihre segensvollen Kräfte.
    Jetzt haben sie den alten Feind besiegt
    Und bringen ihn am Himmel mir gefangen.« –

Nach Meinung der Astrologen soll der Planet Jupiter männlich und aktiv, großzügig und gerecht sein. Wie bei der Sonne häufen sich bei ihm die positiven Eigenschaften. Die Menschen seines Zeichens seien vorbildliche Vaternaturen und treue Freunde, die stets pflichtbewußt und edel handelten. Voller Lebenskraft, im sicheren Gefühl von Wohlstand und Reichtum, zeigten sie sich gütig und nachsichtig, hilfsbereit und gerecht, klug und maßvoll, ausgeglichen und ausgleichend, freimütig und freigiebig, optimistisch und begeisterungsfähig, ernsthaft, tiefsinnig und mit schöpferischer Phantasie begabt. Noch heute nennen wir alle jene jovial, die uns frohmütig, aufgeräumt und munter erscheinen, ohne daß wir gleich daran denken, daß dieses Wort von Jovis abgeleitet ist, dem Genitiv des Substantivs Jupiter. Wären wir sterngläubig, könnten wir uns wohl ohne Zaudern seiner Majestät anvertrauen und uns zu Richtern, Philosophen oder gar Geistlichen berufen fühlen. Aber wir rechnen

uns nicht zu den Jüngern der Sterndeuter und fürchten deshalb auch nicht, daß uns Jupiter unter ungünstigen Aspekten
zu Völlerei und Trägheit, Protzerei und Großmannssucht
oder zu Maßlosigkeit und billigem Genuß verführen und zu
scheinheiligen Demagogen oder geschickten Blendern und
Täuschern machen könnte. Zwar legen wir großen Wert
darauf, daß uns Magen, Bauchspeicheldrüse, Darm und Le-
ber, Oberschenkel und Füße ihren Dienst nicht versagen,
doch wir schieben es nicht Jupiter in die Schuhe, wenn sie
einmal streiken. Dennoch leuchtet uns ein, warum Jupiter
mit den Symbolen Zepter und Blitzbündel dargestellt wurde,
warum gerade der Adler das ihm heilige Tier und die Eiche
der ihm gemäße Baum war. Sein Metall, das Zinn, hätten
wir auch gern in ausreichender Menge.

Und jovial können wir uns natürlich das Treiben seiner
Kinder im »Mittelalterlichen Hausbuch« ansehen (Abb. 11).
Sie pflegen die »Hohe Jagd« und sind darüber hinaus generell für die Hege und Pflege zuständig. Wer das Wild
treffen will, muß erst zielen und schießen lernen; das üben
einige Herren mit Armbrüsten und einer Zielscheibe. Ein
Jäger stößt ins Horn zur Aufmunterung seiner Hunde, hinter dem fliehenden Hirsche herzuhetzen. Hoch zu Roß reitet
ein edles Paar ins Grüne, wobei der Herr stolz einen Falken auf der Faust trägt. Das Leben der Jupiter-Kinder besteht jedoch nicht nur aus dem Waidwerk und anderen Vergnügungen. Da geht ein Mönch in enger Zelle seinen Studien nach; ein wohlbeleibter Geistlicher und ein Richter mit
langer Perücke walten ihres Amtes. Mit ihnen sind maß-
gebliche Stützen der mittelalterlichen Gesellschaft treffend
gekennzeichnet. Über ihnen trabt Jupiter auf seinem Roß
über den Himmel, mit Zepter und Krone versehen, vom
Schützen als seinem Taghaus und den Fischen als dem Nachthaus umgeben.

Die Astronomie sagt uns freilich etwas ganz anderes. Die
dichte Wolkenhülle Jupiters können wir schon mit einem
kleinen Fernrohr erkennen. Als größter und massereichster
Planet unseres Sonnensystems bildet er mit seinen Monden,
von denen vier auch in einem lichtstarken Feldstecher sichtbar sind, eine Welt für sich. Seine Masse übertrifft die der
anderen Planeten um mehr als das Doppelte, die der Erde

11 Der Planetengott Jupiter und seine Kinder

um das rund Dreihundertachtzehnfache. Dennoch ist er ein Zwerg gegenüber der Sonne, deren Masse das Tausendsiebenundvierzigfache der Jupitermasse beträgt.

Saturn ♄

Nun kommen wir wieder auf Kronos zu sprechen, der seinen Vater Uranos entmannte, seine Kinder verschlang, von seiner Schwester und Gemahlin Rhea jedoch mit einem Stein überlistet und schließlich von seinem Sohn Zeus gestürzt wurde. Von Zeus wurde Kronos ebenfalls entmannt, in den Tartaros, die Unterwelt, verbannt, dann begnadigt und zum Gebieter über die Inseln der Seligen ernannt. Ursprünglich soll er ja auch milde und weise im »Goldenen Zeitalter« regiert haben.

Die Römer setzten Kronos mit ihrem Saturnus gleich, einem alten Bauern- und Erntegott, zu dessen Ehren sie die Saturnalia feierten. Diese erinnerten an das Goldene Zeitalter unter Saturnus, der vor Zeus (Jupiter) nach Italien geflohen sein soll. Zu seiner Zeit gab es noch keine Klassengegensätze, und gerade das strichen die Saturnalia in karnevalistischer Weise heraus. Während der »närrischen Tage« waren die Unterschiede zwischen Herrschenden und Beherrschten aufgehoben, die Herren bedienten ihre Sklaven, und diese genossen in vollen Zügen ihre vorübergehende Freiheit.

Doch das Goldene Zeitalter war eben vorbei, Kronos-Saturnus war abgesetzt, entthront. Er gehörte, genealogisch gesehen, einem älteren Göttergeschlecht an und fristete nur noch als entmachteter Greis sein kümmerliches Dasein. Wie das so bei alten Herren ist: Alles geht nun langsam und bedächtig, das jugendliche Feuer ist längst erloschen, das Alter breitet seine kalten Schatten über jegliche Lebensregungen.

Am Himmel scheint ein Planet die gleichen Eigenschaften und Merkmale zu verkörpern. Gelblich-fahl ist sein Licht, wie eine Schnecke kriecht er seinen Weg entlang, rund dreißig Jahre braucht er, um einmal seine Bahn um die Sonne zu vollenden. Vergleich und Identifizierung mit Kronos-Saturnus lagen da nahe. Was man diesen Gottheiten nachsagte, wurde auch dem sonnenfernen Planeten angedichtet.

Es verwundert uns daher nicht, wenn in der Astrologie der Saturn als »Infortuna maior«, als »Großes Unglück«, und somit als recht bedeutungsschwerer Kompagnon des »Kleinen Unglücks« und »Übeltäters« Mars angesehen wird. Zu dessen heißer Trockenheit geselle sich die trockene, schauerliche Kälte des Saturn. Ein Planetenvers charakterisiert ihn und seine Abkömmlinge:

»Haarig, nervig, alt und kalt,
Hinkend, stinkend, ungestalt
Bin ich und alle meine Kind
Die unter mir geboren sind.«

Das klingt nicht gerade ermutigend. Saturn, nach älterer astrologischer Lehre weiblich und passiv, nach neuerer männlich und aktiv, soll aber noch viele andere, meist wenig erfreuliche Eigentümlichkeiten und Verhaltensweisen bewirken. Die unter seinem Zeichen Geborenen seien langsam, verschlossen, abweisend, spröde, starrsinnig, illusions- und kompromißlos. Um sich herum verbreiteten sie eine sterile Atmosphäre der Unnahbarkeit. Man sagt ihnen allerdings auch Sparsamkeit, Genügsamkeit, Ausdauer, Zuverlässigkeit und einen Hang zu allem Traditionellen nach. Ungünstige Stellung des Planeten verschärfe noch die bedenklich negativen Grundtendenzen und zöge bei den Betroffenen vor allem quälende Melancholie, zerstörerischen Argwohn, extremen Geiz, aufreizende Nörgelsucht und rechthaberisches Eigenbrödlertum nach sich. Im Horoskop weise Saturn auf einschneidende Veränderungen hin und zeige seelische und materielle Not, Alter, Krankheit und Tod an. Außerdem sei er für die Haut, die Knochen und Milz, für Arterienverkalkung und Steinbildung verantwortlich. Von den Tieren werden alle langsam kriechenden, für sich lebenden als saturnisch angesehen, auch die Hunde als vermeintlich melancholische Geschöpfe, während im Pflanzenreich verknorzelte Bäume sowie alle jene, denen eine geschlossene Form eigen ist, als Saturnbäume gelten. Das Blei wird ihm ebenfalls zugerechnet.

Kronos-Saturnus, der seine Nachkommen verschlang und sie so in sich selbst einsperrte, der gestürzt, in die Unterwelt verbannt und der Freiheit beraubt wurde, soll seinen Kindern angeblich ein ähnliches Schicksal bereiten. Deshalb gehörten sie zu den Ausgestoßenen und Gerichteten. Wir sehen das im »Mittelalterlichen Hausbuch« dargestellt

(Abb. 12). Am linken Bildrand erblicken wir auf hohem Pfahl ein Rad, auf das ein Verurteilter geflochten ist. Am Galgen daneben baumelt ein Gehenkter zur Abschreckung und Warnung vor bösen Taten. Verwesungsgeruch hat allerlei Vögel angelockt. Und schon wieder wird ein Todeskandidat zur Richtstätte geführt. Unter dieser Szene sind Gefangene an Händen und Füßen gefesselt beziehungsweise in den Stock geschlossen. Mühsam nähert sich ihnen eine alte, lahme, gichtbrüchige Frau. Mit vom Alter gezeichneten, kranken Menschen hätte es Saturn nämlich besonders zu tun. Er wäre für alle schweren, schmutzigen, wenig geachteten Arbeiten zuständig, die hier ebenfalls wiedergegeben sind: das Pflügen und der Beruf des Schinders, den bezeichnenderweise ein Schwein beschnuppert. Auch das Verschneiden von Bäumen und Sträuchern zählt zu den saturnischen Tätigkeiten. Als trocken-kaltem Planeten schreiben ihm die Astrologen generell eine zusammenziehende und erstarrende Wirkung zu. Selbst leblose Materie gilt als Ausdruck seines Formwillens. Aus diesem Grunde fühlten sich seine Kinder zur Beschäftigung mit fester Materie hingezogen. Sie sägten und zimmerten gern, errichteten Häuser, klopften oder behauten Steine, kauften als Geizhälse und Wucherer Baumaterialien auf und horteten sie. Doch die konzentrierende Kraft Saturns äußere sich ebenso im Geistigen. Daher seien Philosophen, Mathematiker, Geometer und Alchimisten gleichfalls seine Schützlinge. Sogar den Eremiten, der freiwillig in der Einsamkeit lebt, hielt man für einen Zögling des Planetengottes.

Dieser reitet, von Steinbock und Wassermann als Tag- und Nachthaus begleitet, fast wie eine aufgeputzte Vogelscheuche einher. Die Schellen an den langen Bändern sollen wohl die Saturnalia oder den Karneval symbolisieren, der Drache auf der Fahne vielleicht eine entsprechende Figur, die manchmal bei den Umzügen mitgeführt wurde. In astrologischen Handschriften ist Saturn häufig auch als nackter Greis mit Sichel oder Sense, mit einem Kind, einem Holzbein und mit Krücken gekennzeichnet (vergleiche die Abbildungen 16 und 17).

Den Planeten Saturn kümmert das alles freilich nicht. Unberührt und unbeirrt von mythologischen Überlieferungen

12 Der Planetengott Saturn und seine Kinder

und astrologischen Spekulationen, zieht er als zweitgrößter
Planet des Sonnensystems weiter seine vom Gravitationsgesetz vorgeschriebene ferne Bahn.

Uranus ♅, Neptun ♆, Pluto ♇

Manche Entdeckungen können sehr peinlich sein. Sie be-
schwören plötzlich eine neue Situation herauf, mit der niemand gerechnet hatte. Für die Astrologen ergab sich eine
solch unangenehme Lage durch Planeten, die bis dahin unbekannt gewesen waren.

Mit Hilfe eines Spiegelfernrohrs wurde 1781 ein Planet
gefunden, der weit jenseits der Saturnbahn in vierundacht-
zig Jahren einmal die Sonne umrundet. Sinnvollerweise
setzte sich für ihn der Name Uranus (die lateinische Form
des griechischen Uranos) durch, galt dieser doch als Vater
von Kronos-Saturn. Der neue Wandelstern fiel aber bald
durch Bahnstörungen auf, die nur aus der Anziehungskraft
eines weiteren Planeten erklärt werden konnten. Es war
ein besonderer Triumph für die astronomische Wissenschaft,
als der Ort des Störenfrieds für das Jahr 1846 vorausbe-
rechnet und dieser dann tatsächlich fast genau an dem bezeichneten Himmelspunkt aufgespürt wurde. Wieder hielt
man sich bei der Namensgebung an die antike Mythologie.
Nach seinem Sieg über Kronos hatte Zeus den Himmelsraum
für sich beansprucht. Sein Bruder Poseidon erhielt das Meer
und alle Gewässer; daher war er der Schutzpatron der Fi-
scherei. Die Römer setzten Poseidon ihrem Gott Neptun
gleich, dessen Namen die Astronomen nun dem »Neuling«
im Sonnensystem verliehen.

Das modrige Schattenreich der Toten hatte Zeus seinem
Bruder Hades anvertraut, der in den Mythen mit Pluton
(lateinisch Pluto), dem Reichtum spendenden Gott der Er-
dentiefe, verschmolz. Pluto sollte von vornherein jener Planet heißen, den man noch jenseits der Neptunbahn vermutete und schließlich 1930 auf Himmelsfotografien erkannte.
Rund hundertfünfundsechzig Jahre dauert es, bis sich Neptun einmal um die Sonne bewegt hat, zweihundertachtund-
vierzig Jahre benötigt Pluto dafür. Übrigens sind seit 1801
zwischen Mars und Jupiter über viertausend Planetoiden,
kleine Planeten, gefunden worden.

Wie schon gesagt: Uranus, Neptun und Pluto bereiten den
Sterndeutern erhebliches Kopfzerbrechen, denn auch aus ihrer Sicht müßten alle früheren Horoskope, in denen die drei

»Neulinge« ja noch nicht berücksichtigt werden konnten, zumindest unvollständig und ungenau sein. Nicht weniger peinlich ist die Frage, welche Wirkung denn diesen sonnenfernen Planeten zukäme. Auf uralte Erfahrungsweisheit vermag sich hier ja niemand zu berufen. Deshalb handeln manche Astrologen einfach nach der Devise: Was man nicht recht deuten kann, sieht man als nicht vorhanden an. Sie beschränken sich also in den Horoskopen auf die mit bloßem Auge sichtbaren sieben Wandelsterne (die Planetoiden werden sowieso weggelassen). Wer Uranus, Neptun und Pluto dennoch mit in die Voraussagen einbezieht, verhält sich dabei ganz unbefangen wie die Sterndeuter des Altertums: Nomen est omen – der Name ist Vorbedeutung. Obwohl die Bezeichnung für die drei letzten Planeten von den Astronomen der Mythologie nur entlehnt wurde, um nicht den bisher üblichen Rahmen zu sprengen, verfahren die Astrologen, als ob mit dieser Namensgebung Wesentliches über die Eigenart des betreffenden Planeten und seine vermeintlichen Einflüsse auf Charakter und Verhalten von Menschen ausgesagt würde.

Uranus, der männlich und aktiv sein soll, haben die Sterndeuter dem Tierkreiszeichen Wassermann zugeordnet, dem Nachthaus des Saturn. Irgendwo mußte man die »Neulinge« ja unterbringen! Als personifiziertem Gott des Himmels und der Naturkräfte, als gewaltsam entmanntem und verstoßenem Herrscher traut man dem Uranus zu, daß er über Elektrizität, Motoren, Strahlen und okkulte Phänomene regiert, für alle plötzlichen Veränderungen und Unglücksfälle, für unvorhergesehene, meist katastrophale Ereignisse, für geistige Perversion, Nihilismus und umstürzlerische Umtriebe verantwortlich ist. Seine Kinder, oft ideenreiche Reformer, zeichneten sich durch Selbständigkeit, Freiheitsliebe und Einfallsreichtum aus. Ins Negative gewendet, fielen sie jedoch durch Phantasterei, Maßlosigkeit, Sprunghaftigkeit und Unzuverlässigkeit auf. Im Körper sei Uranus für Atmungsorgane und Gehirn zuständig.

Neptun, weiblich und passiv, fühle sich im Tierkreiszeichen Fische zu Hause (dem Nachthaus des Jupiter). Er habe selbstverständlich besondere Beziehungen zum Wasser und zu allem Feuchten. Grenzenlos scheint das Meer, gestaltlos, tief, dunkel, unergründlich, geheimnisvoll. Entsprechend symbolisiert Neptun das Allumfassende; für ihn sind Halluzinationen, Rauschzustände, schwärmerische Stimmungen, aber auch Massenpsychosen und Ausbrüche von Panik typisch. Im Horoskop weist er auf Pläne, Ideen und Wunschvorstellungen hin. Seine sensiblen und einfühlsamen Schützlinge treten durch intuitive Fähigkeiten und musische Neigungen hervor. Er selbst waltet über Nerven, Muskelfunktionen und Gliedmaßen.

Pluto schließlich hat man als Domizil das Tierkreiszeichen Skorpion, das Taghaus des Mars, zugesprochen. Der Fürst der Unterwelt soll sogar noch schlimmeres Unheil bewirken als der griesgrämige, finstere, feindselige Saturn. Die Giftpflanzen gehörten zu ihm, die schwarzen Perlen, das Stinktier und die Höhlentiere, die Sonderlinge und Intriganten, die Gifthändler und Magier. Vor allem Erdbeben gingen auf sein Schuldkonto und, wer es wirklich noch nicht wissen sollte, die Atombombe, für die ja auch Plutonium verwandt wird. Andererseits werden ihm ganz allgemein schöpferische Leistungen, Wirkungen auf das Unbewußte und auf Massenbewegungen zugemessen.

In einem astrologischen Jahrbuch finden wir im Zusammenhang mit Uranus, Neptun und Pluto sogar ein Lob für die Astronomen. Es heißt da nämlich: »An Hand der psychologischen Motive der antiken Mythologie (Götterlehre) neigen die Forscher heute zu der einheitlichen Ansicht, daß diese Namenswahl (der Astronomen) sich doch als eine recht glückliche und passende erweist.« Aber vielleicht wollten die Himmelsforscher den Sterndeutern wegen der Pein, die sie ihnen mit den neuentdeckten Planeten bereitet hatten, nur ein Trostpflästerchen aufkleben. Sie hätten ja auch gemein sein und zum Beispiel den Uranus nach seinem Entdecker Wilhelm Herschel nennen können, wie es zunächst vorgesehen war. Doch die Astrologen hätten in diesem Falle vermutlich rasch einen Ausweg erspäht. Die Kinder des Planeten Herschel würden dann eben in erster Linie Militärmusiker, Fernrohrbauer und Astronomen: Alles das war Wilhelm Herschel in einer Person. Dank der »glücklichen und passenden Namenswahl« der Sternforscher ist ihm und uns diese astrologische Phantasterei erspart geblieben.

Zeitenherrscher

»Die ganze Welt ist Bühne
Und alle Fraun und Männer bloße Spieler.
Sie treten auf und gehen wieder ab,
Sein Leben lang spielt einer manche Rollen
Durch sieben Akte hin ...«

sagt der melancholische Jacques in Shakespeares Komödie »Wie es euch gefällt«. In sieben Akten vollzieht sich das menschliche Leben auf der Erdenbühne, vom Kinde bis zum Greis, der wieder Kind wird, »ohn Augen, ohn Zahn, Geschmack und alles.« Es sind die sieben Lebensalter, die Shakespeare hier Revue passieren läßt, sieben Abschnitte, von denen jeder einzelne nach altem astrologischem Glauben unter der Herrschaft eines der sieben Wandelsterne stehen soll. Während sonst der jeweilige Planet nur als eine Wirkungskraft unter anderen gilt, würde er zu bestimmten Zeiten ungehindert seinen Einfluß ausüben und voll entfalten können.

Über das erste bis vierte Lebensjahr regiert demnach der Mond. Wie er unterliegen Säugling und Kleinkind einer raschen Veränderung und Entwicklung im Körperlichen und Geistigen. Dem Mond, der über alles Feuchte gebietet, entsprechen die flüssige Nahrung des kleinen Erdenbürgers, seine prallen, noch wenig festen Glieder, seine schnell wechselnden Stimmungen vom Weinen zum Lachen. Es folgt Merkur, dem das fünfte bis vierzehnte Jahr untersteht. Er weckt in den Jungen und Mädchen die Erkenntnis ihres Selbst, den regen Geist, die Neugier und Wißbegierde, das Streben nach Erfahrungen und Kenntnissen. Anschließend dominiert die Venus vom fünfzehnten bis zweiundzwanzigsten Jahr. Sie stürzt ihre Schützlinge in wahllose, blinde Verliebtheit und tolle Leidenschaft, läßt sie himmelhoch jauchzen und zu Tode betrübt sein. Anders die Sonne. Im großen Zeitabschnitt vom dreiundzwanzigsten bis zum einundvierzigsten Jahr führt sie das menschliche Leben zu seinen Höhepunkten. So wie sie die mittlere, alles überstrahlende Sphäre unter den Wandelsternen einnimmt, verleiht sie dem Dasein seinen eigentlichen Glanz und fördert den Wunsch nach Selbständigkeit, Ruhm, sicherer Existenz und

13 Ein Engel dreht das Planetenstundenrad, an dem die
Wandelsterne auf- und niedersteigen

beharrender Stetigkeit. Die zweite Hälfte des Mannesalters,
das zweiundvierzigste bis sechsundfünfzigste Jahr, bringt
unter der Herrschaft des Mars herben Ernst und Kummer,
Sorgen und Leid mit sich. Nun ist die eigentliche Blütezeit
vorbei, mit harter Mühe gilt es, noch etwas Rechtes, Dauer-
haftes, Bleibendes zu schaffen. So kommt das erste Greisen-
alter vom siebenundfünfzigsten bis zum achtundsechzigsten

Jahr heran, über das Jupiter seinen milden, verklärenden Schein breitet. Er hemmt Mühsal und Gewalt, wilde Unruhe und risikoreiche Unternehmungen. Statt dessen bewirkt er Gemessenheit und Bedächtigkeit, kluge Voraussicht und vornehme Ruhe, aber auch einen verstärkten Drang nach Ehre, Ruhm und Freiheit. Der »siebente Akt«, vom neunundsechzigsten Jahre an, untersteht dem Saturn, der allmählich alle Lebensgeister erkalten und erlahmen läßt und zum Tod geleitet.

»Die ganze Welt ist Bühne ...« Nicht nur das menschliche Leben vollzieht sich auf ihr, noch weit Gewaltigeres spielt sich vor der kosmischen Kulisse ab. Die sieben Wandelsterne sollen ja außer den sieben Lebensaltern auch den einzelnen Stunden, Tagen, Wochen, Monaten, Jahren, Jahrhunderten und Weltaltern ihr Gepräge verleihen. Auf einer Darstellung aus dem Jahre 1490 (Abb. 13) sehen wir, wie ein Engel das Planetenrad dreht, an dem die Wandelsterne auf- und niedersteigen. Mars ist gerade ganz oben, er regiert die Stunde, doch dann muß er weichen und Jupiter, Saturn und Mond abwärts folgen, während Sonne, Venus und Merkur nachrücken. Ununterbrochen wechseln sich so die Planeten und damit ihre vermeintlichen Einflüsse auf die jeweiligen Zeitabschnitte nacheinander ab. Jener Wandelstern, der über die erste Stunde eines Tages herrscht, regiert angeblich über den gesamten Tag, dem er auch seinen Namen verleiht. Denn der Montag, lateinisch dies Lunae, ist der Tag des Mondes. Dienstag, der dies Martis, galt den Römern als Tag des Mars. Mit ihm verglichen die Germanen ihren Kriegsgott Tiu oder Ziu; von ihm ist unser Dienstag (mittelhochdeutsch ziestac) abgeleitet. Französisch heißt er mardi; hier ist die Herkunft noch deutlicher zu erkennen. Mittwoch, für uns die Mitte der Woche, war ursprünglich dies Mercurii, der Tag des Merkur (französisch mercredi). Der Donnerstag, dies Jovis, Jupitertag (französisch jeudi), ist im Deutschen nach dem vergleichbaren germanischen Hammer- und Donner-Gott Thor oder Donar benannt, während der Freitag, dies Veneris, der Venustag (französisch vendredi), nach dem Namen der nordischen Göttin Freia gebildet wurde. Unser Sonnabend geht auf die Sonne zurück, ist aber eigentlich dies Saturni, Saturnstag (englisch saturday), und unser Sonntag, dies Solis, verdankt seinen Namen ebenfalls dem Sonnengott.

Wer den Planeten solch weitreichenden Einfluß beimaß, mußte wohl ebenfalls annehmen, daß sie im Verlaufe eines Jahres das Wetter bestimmen. Auch diese falsche Vorstellung lebt noch heute weiter. Wir denken da insbesondere an den »Hundertjährigen Kalender«, dessen Kern von Mauritius Knauer, dem Abt des Zisterzienserklosters Laugheim bei Bamberg, geschaffen wurde. Knauer notierte sich von 1652 bis 1658 täglich das Wetter, wobei er voraussetzte, daß es in jedem Jahr von einem der sieben Wandelsterne abhängig sei und folglich aller sieben Jahre in gleicher Weise wiederkehren müsse. Sein »Ständiger ökonomischer Hauskalender« wurde häufig abgeschrieben und gelangte auf diese Weise zu dem Erfurter Arzt Christoph Hellwig, der die siebenjährige Beobachtungsreihe mit viel Phantasie auf hundert Jahre ausdehnte und so das Wetter von 1700 bis 1799 vorhersagen wollte. Der Buchhändler Weinmann steuerte mit feinem Gespür für den finanziellen Erfolg schließlich den Titel »Hundertjähriger Kalender« bei, und als solcher ist er ja noch durchaus populär. Freilich wissen wohl nur wenige, wie er entstanden ist. Seine Prognosen sind meist genauso wahr wie der schöne Spruch:

»Wenn der Hahn kräht auf dem Mist,
Ändert sich's Wetter, oder es bleibt wie's ist.«

Wettervorhersagen finden sich ebenfalls in den Praktiken, den im späten Mittelalter so beliebten astrologischen Kalendern, die entsprechend den Sternkonstellationen alle Interessierten über günstige und ungünstige Aspekte für Liebe, Ehe und Familie, Krankheiten und Seuchen, Mißernten, Hungersnöte, Naturkatastrophen und Kriegsgefahren informierten. Abbildung 14 zeigt uns das Titelbild einer solchen Praktik für das Jahr 1492. Es wird von Saturn regiert, dem »Großen Unglück«, der die bedauernswerten Erdenkinder mit Hagelschlag und schrecklichen Überschwemmungen heimsucht. Die Folgen sind drastisch dargestellt: Auf freiem Feld von den Unwettern erschlagene und in den Fluten verzweifelt um ihr Leben kämpfende Menschen. Ähnliche astrologische Voraussagen ängstigen nach wie vor viele furchtsame und unsichere Gemüter. Die sieben Wandelsterne

14 Als Regent des Jahres 1492 bringt Saturn Hagelschlag
und Überschwemmungen

üben angeblich in folgender Reihe ihre Regentschaft auch
über unsere Zeit aus (Uranus, Neptun und Pluto werden
dabei von den Astrologen »vernachlässigt«): 1984 Merkur,
1985 Mond, 1986 Saturn, 1987 Jupiter, 1988 Mars, 1989
Sonne, 1990 Venus, 1991 Merkur usw. Doch mit dem Einfluß
dieser Jahresregenten verhält es sich wie mit der schon zitier-
ten Wetterregel: »Wenn der Hahn kräht auf dem Mist ...«

Konjunktionen

Im Jahre 1982 fand sozusagen eine außerordentliche Planetenversammlung statt. Alle neun großen Planeten begegneten sich auf einer Seite der Sonne, freilich nicht so exakt aufgereiht wie an einer Perlenschnur, sondern in einem Sektor von zirka sechzig Grad. Solche Konstellationen sind selten, sie ereignen sich in ähnlicher Weise nur alle hundertneunundsiebzig Jahre, das nächste Mal also 2161.

An das ungewöhnliche Schauspiel knüpften phantasiebegabte Leute eine Menge Spekulationen und düstere Voraussagen. Die sich summierenden Anziehungskräfte der Planeten sollten durch ihre gewissermaßen geballte Gravitation auf der Sonnenoberfläche besonders heftige Gas- und Magnetstürme hervorrufen, was sich wiederum auf Rotation, Atmosphäre und Festländer der Erde auswirken und damit eine Kette von Katastrophen auslösen würde. In Wirklichkeit reichen für derart umwälzende Einflüsse die Massen der Planeten gegenüber der viel gewaltigeren Sonnenmasse gar nicht aus. 1982 ging ohne die vermeintlich zerstörerischen Wirkungen der ungewöhnlichen Konjunktion vorüber.

Bestimmte Planetenstellungen haben aber schon häufig Angst und Furcht erweckt. Nach uralter Überlieferung hätten sich die Planeten bei der Weltschöpfung alle in einem Sternbild aufgehalten, in das sie einst wieder zurückkehren und so eine Katastrophe kosmischen Ausmaßes hervorrufen würden. Angeblich ginge die Welt zugrunde, wenn die Wandelsterne zur Sommersonnenwende im Krebs zusammenträfen. Eine Sintflut drohe dagegen alles zu vernichten, wenn sie zur Wintersonnenwende im Steinbock zusammenkämen.

Schwerwiegende Folgen sollen nach astrologischem Glauben ebenfalls die sogenannten Großen Konjunktionen zwischen Jupiter und Saturn haben. Die zwei Planeten ziehen dann, von der Erde aus gesehen, scheinbar dreimal aneinander vorüber. Zunächst überholt der schnellere Jupiter vor der eigentlichen Oppositionsstellung zur Sonne den langsameren Saturn. Beide sind noch rechtläufig, bewegen sich also von West nach Ost. (Vergleiche das im Abschnitt »Mars« über Opposition und Schleifenbewegung Gesagte!)

Die zweite enge Konjunktion zwischen Jupiter und Saturn ereignet sich während ihrer anschließenden Rückläufigkeit, die dritte, nachdem Jupiter erneut rechtläufig geworden ist. Scheinbar am nächsten kamen sich beide Planeten auf diese Weise zum Beispiel während der Großen Konjunktion am 14. Januar, 19. Februar und 30. Juli 1981. Vielleicht erinnern sich ältere Leser sogar noch an die dreifache Begegnung von Jupiter und Saturn 1940/41. Die nächsten Konstellationen dieser Art werden unsere Kindeskinder erst in den Jahren 2238/39 und 2279 zu Gesicht bekommen.

Im Altertum und Mittelalter galt die Große Konjunktion als Ankündigung folgenreicher Geschehnisse. Johannes Kepler vermutete, eine solche Zusammenkunft habe das Erscheinen des Sterns von Bethlehem bewirkt und könne deshalb zur Ermittlung des genauen Zeitpunkts von Christi Geburt dienen. Ein neuer Stern ist dadurch sicher nicht entstanden, aber vielleicht hat das auffällige Ereignis den Anstoß zur Legende vom Weihnachtsstern gegeben. Wenn das stimmt, hätte man den Beginn der christlichen Zeitrechnung um sieben Jahre zu spät angesetzt, da das große Rendezvous Jupiters mit Saturn schon sieben Jahre vorher stattgefunden hatte. Übrigens war es früher eine weit verbreitete Überzeugung, bei der Geburt eines jeden Menschen würde ein neuer Stern aufleuchten und bei seinem Tode wieder vergehen.

Konjunktionen mit dem königlichen Jupiter sind interessanterweise auch sonst für Entstehungen und Veränderungen von Religionen verantwortlich gemacht worden. Aus einem Treffen Jupiters mit Saturn erwuchs demnach die chaldäische, aus der Begegnung Jupiters mit Venus die mohammedanische und aus der Zusammenkunft Jupiters mit Merkur die christliche Religion. Die »Versammlung« von Mars, Jupiter und Saturn 1484 im Tierkreiszeichen Skorpion schien auf die Geburt eines falschen Propheten hinzuweisen, was Gegner des Reformators Martin Luther bewog, dessen Geburtstag vom 10. November 1483 einfach auf den 22. Oktober 1484 zu verlegen. Nur an diesem Tage konnte, dem Horoskop zufolge, ein so großer Ketzer zur Welt gekommen sein! Auch bei anderen Gelegenheiten scheuten sich die Astrologen nicht vor ähnlichen Manipulationen.

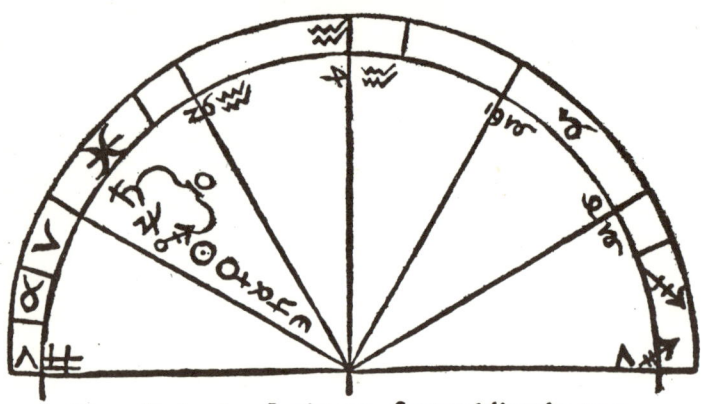

Judicium Astronomicum coniunctionis minoris Saturni & Iouis super decimo gra. Piscium, cōtinuatiua triplicitans aqueæ et super coniunctiōibus alijs. xv. in eodē signo aggregatis In celebri studio Crac. per Magistrum Nicolaum de Shadek editum,

Figura & ascendens Anni. 1523. astronomici in cuius quarta hiemali anno saluatoris nati. 1524. omniū planetarum factus est conuētus sub signo Piscium, signo vndecime domus cœli. Prima etiam & precipua coniunctio inter illas in minuto sui cōgressus, ꝑ orizonte nostro, idem obtinuit ascendens

15 Die Planetenkonjunktion von 1524 im Tierkreiszeichen Fische

Die Konjunktion von 1484 sollte aber zugleich das plötzliche Auftreten und die rasche Verbreitung der Syphilis verursacht haben. Der berühmte Veroneser Arzt, Humanist, Dichter und Astronom Girolamo Fracastoro, der dieser Geschlechtskrankheit ihren Namen gab, meinte, infolge der verhängnisvollen Zusammenkunft habe sich »eine ungeheure Entwicklung von Dünsten eingestellt, die (von den Planeten kommend) der Luft beigemengt und nach verschiedenen Richtungen bewegt, endlich eine schmutzige Fäulnis herbeiführten, deren Keime uns zugetragen wurden … Hieraus wurde endlich jene Ansteckung erzeugt, die bald so viele Sterbliche und Länder heimsuchte, indem sie teils der Luft selber die Grundursachen und Keime zuführte, teils die Ansteckung von einem zum andern weitertrug.« Daß die Planeten an Seuchen und Krankheiten schuld sein sollten, nahm man zum Beispiel auch für die Grippe an. Ihr alter Name Influenza wurde noch 1611 ganz sinngemäß mit »Eingießung des Gestirns« übersetzt.

Am größten war die allgemeine Aufregung wohl wegen der Planetenkonjunktion 1524 in den Fischen. Auf einer Darstellung aus dem gleichen Jahre (Abb. 15) sind die Tierkreisabschnitte über dem Horizont und die Wandelsterne in den Fischen wiedergegeben, wobei das scheinbar nahe räumliche Beieinander von Saturn, Jupiter und Mars durch eine Klammer besonders hervorgehoben ist. Wegen dieser Konstellation im Wasserzeichen Fische hatte der Tübinger Astronom und Mathematikprofessor Johannes Stöffler für den Februar 1524 eine Sintflut prophezeit. Die schreckliche Auswirkung der Konjunktion sollte sich jedoch auf einen noch größeren Zeitraum erstrecken, wie ein zeitgenössischer Vers verrät:

> »Wer im 1523. Jahr nicht stirbt,
> 1524 nicht im Wasser verdirbt
> Und 1525 nicht wird erschlagen,
> Der mag wohl von Wundern sagen.«

Besonnenere Geister widersprachen Stöffler und versuchten, das panische Entsetzen, das in den europäischen Ländern wie eine Epidemie um sich griff, zu dämpfen und zu beruhigen. Umsonst. Man baute Schiffe, um sich retten zu können, flüchtete in die Berge, verkaufte Hab und Gut und suchte Zuflucht in Reue und Buße. Ein Praktiken-Titelbild von 1524 gibt Angst und Furcht zu jener Zeit beredten Ausdruck (Abb. 16). Aus einem riesigen Fisch mit Sonne, Mond, Planeten und einem Skelett als Symbol des Todes stürzen verheerende Wassermassen zu Boden. Rechts eilen Kaiser, Papst, Kirchenfürsten und Adlige herbei, von links naht sich ein bewaffneter Bauernhaufen unter Führung Saturns, den Holzbein, Fahne und Sense kennzeichnen. Der bald danach ausbrechende Bauernkrieg wurde denn auch vielfach als Folge der Konjunktion von 1524 angesehen.

Practica vber die grossen vnd ma:
nigfeltigen Coniüction der Planeten/die im
Jar.M.D.XXiiij.erscheinen/vñ vn=
gezweiffelt vil wunderbarlicher
ding geperen werden.

Auß Kö.Kay.May.Gnaden vnd Freyhaiten/Hüt sich menigklich/dyse meine Pra=
ctica in zwayen Jaren nach zůtrucken/bey verlierung.4.Marck lötigs Golds.

16 Wegen der Planetenkonjunktion im Jahre 1524 befürchtete
man eine Sintflut

Gibt es solche Prognosen noch heute, und werden sie etwa
ernst genommen? Leider ja. Als zum Beispiel im Februar
1962 eine Konjunktion der sieben »klassischen« Wandelsterne im Tierkreiszeichen Wassermann stattfand und sich
dazu am Anfang des gleichen Monats eine totale Sonnenfinsternis ereignete, sollte nach Ansicht der Astrologen
Fürchterliches geschehen: der Beginn des dritten Weltkriegs,

eine Achsenverlagerung unseres Planeten, eine Sintflut, Vulkanausbrüche und Erdbeben oder der totale Untergang der Erde. Vor allem in Indien und im Königreich Nepal, wo die Sterndeutung eine lange, ungebrochene Tradition besitzt, bereiteten sich viele Menschen auf die vermeintliche Katastrophe vor. In Amerika und den westeuropäischen Ländern prophezeiten Astrologen eine »physische Verdunkelung der Erde mit der Entsprechung eines geistigen Tiefstandes oder großer Lichtlosigkeit der Menschheit«. Ungewollt charakterisierten sie sich damit selbst. Die Konjunktion entsprach dann dem Titel einer Shakespeareschen Komödie: »Viel Lärm um Nichts.«

Finsternisse

Schauriges scheint von Zeit zu Zeit am Himmel zu geschehen. Am hellichten Tag schiebt sich plötzlich ein dunkler Körper in die Sonne. Langsam, aber unaufhaltsam löscht er sie aus und verzehrt sie. Allmählich nimmt dabei auch die Tageshelligkeit ab, fast unmerklich zunächst, dann immer schneller. Fahl und bleigrau wird der Himmel, eine merkwürdig bedrückende Stimmung breitet sich aus. Viele Tiere suchen ihre Rastplätze auf, als ob es Abend wäre. Die Vögel hören auf zu singen, Katzen verkriechen sich ängstlich, Hunde beginnen zu jaulen und zu bellen. Nur noch als schmale Sichel steht die Sonne am düsteren Himmel. Mit einem Male ist sie völlig weg, und wie mit Zauberschlag blitzt ein heller, nach außen diffuser Ring auf: die Sonnenkorona, eine weitreichende Gashülle, die sonst überblendet wird und nur bei totaler Sonnenfinsternis auftaucht, wenn der Mond unser Tagesgestirn ganz verdeckt. Am Firmament treten die Planeten und die hellsten Fixsterne hervor. Doch sobald der erste Sonnenstrahl wieder am Mondrand vorbeihuscht, verschwinden Korona, Planeten und Sterne, das Licht breitet sich erneut aus, die Sonne entrinnt dem dunklen Dämon, der Spuk geht vorüber.

Ganz so dramatisch verläuft eine totale Mondfinsternis nicht. Aber auch der Vollmond, der fern und still am Himmel steht, muß offenbar Schreckliches erleiden. Ein Schatten fällt vom Rand her über ihn, kriecht über ihn hin, hüllt ihn

schließlich völlig ein. Dennoch bleibt er als schwach kupfer-
rote, wie in Blut getauchte Scheibe während der Verfinsterung sichtbar, dank des langwelligen Streulichts aus der irdischen Atmosphäre, das den Erdschatten und die verdun-
kelte Mondoberfläche etwas aufhellt.

Solange die Ursachen für das Zustandekommen der Finsternisse noch unbekannt waren, hat das zeitweilige Verschwinden von Sonne und Mond begreiflicherweise Furcht
erregt. Dem personifizierenden Weltbild entsprechend,
glaubte man früher, die beiden großen Himmelsleuchten
würden während eines solchen Überfalls von Drache,
Schlange, Bär, Wolf, Fisch oder irgendeinem anderen Un-
tier gefressen. Dagegen half wohl nur eins: Mit Pauken und
Trompeten, Johlen und Pfeifen Lärm zu schlagen, um die
Unholde zu vertreiben und die Bedrohten zu retten. Da
war es gut, rechtzeitig zu wissen, wann ein derart unheil-
drohendes Ereignis bevorstand. Babylonier und Griechen
vermochten das bereits vor rund zweitausendsechshundert
Jahren zu berechnen. Möglicherweise hatten sogar schon
Menschen der Jungsteinzeit und der Bronzezeit Methoden
entwickelt, Sonnen- und Mondfinsternisse vorhersagen zu
können.

Was man bei einer totalen Sonnenfinsternis befürchtete,
hat der griechische Dichter Pindar vor rund zweieinhalbtau-
send Jahren in einer Ode geschildert:

»Kündet Dein Zeichen uns Krieg
Oder der Feldfrucht Verfall
Oder die Wucht eines Schneesturms, den Worte
Nimmer ermessen, oder vernichtenden Aufruhr?
Soll sich die See übers Gefild hin entleeren,
Bringst Du versteinernden Frost oder die Hitze des
Südwinds mit dem Ingrimm strömender Wasser?
Läßt Du deine Erd' überfluten und aufs
Neue beginnen der Menschen Geschlecht?
Doch will ich nicht klagen, teil ich das Leid
doch mit allen.«

Solche Ängste sind bis in die Neuzeit hinein lebendig geblieben und haben auch den Astrologen immer wieder Stoff
für ihre Prophezeiungen geliefert. Um genauer sagen zu können, auf welche Gebiete sich das Unheil besonders richtete,

PROGNOSTICON ASTROLOGICVM

Auff die vier fürnemsten Reuolutiones vnd

andere Zuneigung der Planeten des Jars nach der Geburt vnd Gna-
denreichen Menschwerdung vnsers einigen Fürbitters vnd Selig-
machers Jhesu Christi / 1563.

Quid vetat è cælo secreta referre futura,
Si modò sint causis consona quæq; suis.

NEC VIS HERCVLEA FATVM EVITABIT ACERBVM.
Durch M. Victorinum Schönfelt Budissinum/ itziger zeit verordne-
ten Physicum vnd Mathematicum der Fürstlichen vnd löblichen Ho-
henschul zu Marpurg/ im land zu Hessen/ gestellet.

17 Anläßlich der Sonnen- und Mondfinsternisse 1563 würfeln
Tod und Krieg über das Schicksal der Menschen

mußte man den Ort der Finsternis im Tierkreis kennen, waren doch Städte und Länder seinen zwölf Zeichen zugeordnet. Fand das Geschehen in den Fischen statt, so würden sich seine Folgen zum Beispiel in den Hauptstädten an
großen Flüssen und in jenen Gegenden auswirken, die dem
Meer benachbart waren. Was im Löwen passierte, mochte

wohl Länder angehen, die, wie etwa Böhmen, in ihrem Wappen einen Löwen führten.

Auf dem Titelbild einer Prognostik, einer Vorhersage, für das Jahr 1563 (Abb. 1) wird auf drei Finsternisse hingewiesen, von denen die erste bereits vor Jahresbeginn im Schützen eintrat, die zweite, eine Sonnenfinsternis, später in den Zwillingen, die dritte, den Mond betreffend, im Krebs. Über dem Tierkreisband sind im Krebs Jupiter und Saturn als Gottheiten zu sehen. Saturn ist wiederum durch eine Sense sowie durch ein kleines Kind charakterisiert, das er verschlingen will. Unter der himmlischen Szenerie würfeln der Tod und der Planetengott Mars um das Schicksal der durch die Finsternisse gewarnten Erdenkinder. Abwartend sehen Papst und Sultan (links) und Kaiser (rechts) dem Spiel zwischen Krieg und Tod zu. Alles, was mit der Sonne vor sich ging, konnte sich nämlich in erster Linie auf den Kaiser beziehen. Ereignisse um den Mond sollten dagegen den Papst berühren. (Oder umgekehrt, wenn man den geistlichen über den weltlichen Herrscher stellte.) Der Halbmond in der Fahne des Sultans kennzeichnet nicht nur den Herrn des Türkenreiches, sondern deutet zugleich an, daß die Mondfinsternis auch mit seinem Land und seiner Regierung zu tun haben, daß er vielleicht mit Papst und Kaiser in Streit geraten wird.

Ganz konkrete Besorgnisse und Maßnahmen gegen möglichen Schaden lernen wir in einem Erlaß kennen, den der »churfürstliche Hofrath« in Ehrenbreitstein am 22. Juli 1748 herausgab: »Nachdermalen auf nächstkünfftigen Donnerstag als dem Fest des hl. Jacobi eine allgemeine große Sonnenfinsternuß sich ereignet, wodurch besorglich vieles Gifft auf dem Feldt und sonsten in den Pützen und Brunnen fallen dörffen, werden alle Beamten angewiesen, den Eintritt der Finsternuß mit dem Befehl in alle Dörffer zu verkünden, daß an dem genannten Tage zu Verhüt- und Abkehrung alles Unglücks durchaus kein Vieh auf die Weide getrieben werden darf und daß alle Brunnen sorgfältig bedeckt und verwahret werden müssen.« Auch damals, könnte man meinen, gab es also bereits eine Art Umweltschutz!

Ein Bericht aus dem Jahre 1844 ist in diesem Zusammenhang ebenfalls höchst aufschlußreich. In diesem Jahre wurde der deutsche Archäologe Ludwig Roß auf einer kleinen Insel bei Rhodos anläßlich einer Mondfinsternis Zeuge, wie Griechen und Türken einen Höllenlärm veranstalteten, »während gleichzeitig Männer, Weiber und Kinder unter dem Vortritt der Priester singend und betend in die Kapelle zogen, um den Beistand der Panagia und aller Heiligen für die heidnische Selene zu erflehen«. Es ist also noch gar nicht so lange her, daß man Sonnen- und Mondfinsternisse mit abergläubischer Furcht betrachtete und ihre vermeintlich schlimmen Folgen abzuwenden suchte.

Natürlich lassen auch moderne Astrologen solche Himmelsereignisse nicht außer acht. Manche stellen ein Horoskop für den Zeitpunkt der Finsternismitte und versichern dann, die Dauer des gesamten Finsternisverlaufs, in Stunden gerechnet, würde die Wirkungszeit in Monaten angeben, und zwar vor und nach der Verfinsterung. Demnach hätten wir es in bezug auf die vermeintlichen Auswirkungen sogar mit einer astrologischen Früh- oder Vorherzündung zu tun! Geradezu wunderbar wäre allerdings, wenn uns die Sterndeuter ein wirklich zutreffendes Horoskop liefern könnten, ob am 11. August des Jahres 1999 klares Wetter herrschen wird. An diesem Tage findet nämlich für unsere geographischen Breiten die nächste totale Sonnenfinsternis statt, und die möchten wir doch gern in allen Einzelheiten beobachten.

Kometen

Was Menschen seit Jahrtausenden am himmlischen Geschehen so beeindruckt, ist die große Ordnung und Regelmäßigkeit, in der es sich vollzieht. Unerwartete Ereignisse sind deshalb um so mehr aufgefallen und haben Unruhe gestiftet. Finsternisse vermochte man wenigstens, wie wir gehört haben, schon im Altertum vorherzusagen. Scheinbar aus dem Nichts tauchen jedoch von Zeit zu Zeit höchst seltsame Störenfriede auf, die, je näher sie der Sonne kommen, mit einem immer längeren Schweif durch die Bilder des Firmaments irren und schließlich wieder spurlos verschwinden. Was sind das für rätselhafte Erscheinungen? Was sollen ihre merkwürdige Gestalt und ihre ungewöhnliche Bahn bedeuten? Der Franzose Wilhelm von Conches gab in der ersten Hälfte des 12. Jahrhunderts eine vermutlich weitverbreitete Meinung wieder, als er schrieb: »Der Komet kann kein Stern sein, weil er sich von den Fixsternen überhaupt durch seine Bewegung, von den Planeten durch häufiges Verlassen der Tierkreisbilder und durch andersartige Bewegung unterscheidet. Er ist vielmehr ein Feuer, das nach dem Willen des Schöpfers zu bestimmter Vorbedeutung entzündet wurde.«

Diese konnte nur auf Schlimmes vorbereiten, denn wer wollte allen Ernstes annehmen, daß solch ein langgeschwänzter Irrläufer frohe Botschaft zu verkünden hätte? Und so wurde man nicht müde, in Flugschriften auf die scheinbar drohenden Kometen hinzuweisen, vor schrecklichem Unheil zu warnen und zu bußfertiger Reue aufzurufen. Ein bemerkenswertes Zeugnis dafür ist der Reimspruch des Chronisten Wolfgang Hildebrand aus dem Jahre 1690:

»Achterlei Unglück insgemein entsteht,
Wenn in der Luft erscheint ein Comet:
Viel Fieber, Krankheit, Pest und Todt,
Schwere Zeit, Mangel und Hungersnoth,
Groß Hitz, dürre Zeit, Unfruchtbarkeit,
Krieg, Raub, Mord, Aufruhr, Neid und Streit,
Frost, Kälte, Sturmwetter, Wassersnoth,
Viel hoher Leute Abgang und Todt,
Groß Wind, Erdbeben an manchem End,
Viel Änderung der Regiment.
Solch Unglück insgesamt entsteht,
Wenn ein Comet am Himmel geht.
Wenn wir aber Buße thun von Hertzen,
So wendet Gott manch Unglück und Schmertzen.«

Das Titelbild einer Flugschrift aus dem Jahre 1574 führt uns diese Nöte sehr eindrucksvoll vor Augen (Abb. 18). Mit schmetternden Posaunenklängen leitet ein Engel die Bestrafung der sündigen Menschheit ein. Über dem Engel schwebt der Weltenrichter, von einem Regenbogen und den sich verfinsternden großen Tages- und Nachtleuchten umgeben. Kometen, von denen manche meteorähnlich zur Erde stürzen, vervollständigen die schauerliche Szenerie. Es bedürfte gar nicht mehr des Schwertes am Himmel, um den

Beſchreibung des Er-
ſchrecklichen Brennenden / Flammenden
vnd Stralſchieſſenden Fewers vnd Zornzeichen Gottes/
vber Europa / welches man den xiiij. vnd xv. tag des Winter-
mons zu Nacht/ dieſes ablauffenden 1574. Jars/am Himel
geſehen hat/Mit anhengung des Cometen ſo im vorgangenen
1572. Jar/lang am Himel geſtanden/ wie jedermenniglich be-
wuſt/darzu hab ich dergleichen Zeichen/ ſo von dem 806. Jar/
biß auff die jetzige vnſere zeit geſchehen/vnd was darauff erfol-
get/ vñ noch erfolgen wird/zum Exempel alhier eingeſüret/ vnd
allen fromen Chriſten / ſie ſein Hohes oder Nidern
ſtandes / beide/ Geiſtlich vnd Weltlich/zu trewer
warnung aus Chriſtlicher liebe mit
allem fleis beſchriben:

Durch
Nicolaum Orphanum Mathematicum.

18 Titelbild einer Flugschrift aus dem Jahre 1574 über die
Folgen von Kometen und anderen Himmelserscheinungen

verzweifelten Erdenbewohnern den tödlichen Ernst ihrer
Lage zu verdeutlichen.

Als Verfasser der Flugschrift berichtet der Mathematiker
Nicolaus Orphanus von einem unerhört schrecklich brennenden Feuer und Zornzeichen Gottes im November 1574, vermutlich einem Nordlicht, das man ebenfalls für eine An-

kündigung von Notzeiten, Krieg, Pest usw. hielt. Nicolaus Orphanus zählt aber auch Sonnen- und Mondfinsternisse, Kometen und himmlische Leuchterscheinungen vom Jahre 806 bis zu seiner Zeit und ihre jeweils vermeintlichen Folgen auf – ein recht beeindruckendes Schreckensregister. Wie seiner Meinung nach Kometen entstehen und warum gerade sie sich so unheilvoll auswirken, teilt er seinen Lesern gleichfalls mit. Ein Komet soll sich nämlich aus warmen und »dürren« irdischen Dünsten bilden, die in großer Eile zu den obersten Luftregionen streben. Wenn sich die mittleren Dünste entzünden, leuchten sie wie ein großer Stern, während die brennenden Randgebiete wie langes Haar aussehen. Deshalb heißt der Komet auch »Haarichter Stern«. Infolge seiner gewaltigen Hitze heizt er die Luft auf, verhindert den Regen und trocknet das Erdreich sowie alle lebendigen und unlebendigen Dinge aus. Solche Hitze ruft sogar die Cholera und außerdem viel Zorn unter den Menschen hervor. Zorn führt zu Zank und dieser zu Krieg und Tod, denn normales friedliches Leben gedeihe nur bei warmer, temperierter Feuchtigkeit und nicht bei Dürre und feuriger Hitze.

Aus heutiger Sicht (die uns nicht zum Lachen über solche Anschauungen verleiten sollte) mutet das zwar recht gekünstelt an, aber es stecken doch ganz ernsthafte Überlegungen dahinter und natürlich Angst und Furcht vor Bedrängnissen, Gewalttätigkeiten und Katastrophen, mit denen man so häufig konfrontiert war, gegen die man sich jedoch meist kaum zu schützen und zu wehren vermochte.

Befürchtungen wegen der Kometen hegten keineswegs nur die Un- oder Halbgebildeten, sondern auch erlauchte Geister. Selbst Johannes Kepler traute den Schweifsternen nichts Gutes zu. »Anno 1558 ist Karl V. bald auf den Cometen gestorben, in England ist durch den Tod der Königin Maria die Religion verändert worden ... Anno 1578 auf den Cometen 1577 ist die große Niederlage der Portugiesen und Christen in Afrika geschehen ... Anno 1586, nach dem Cometen 1585, starb König Stefan in Polen, und ein Krieg erfolgte zwischen Polen und Österreich ... Anno 1596 nach dem Cometen geschah der Christen Niederlag vor Erlau und erhob sich allgemach der schwedische Krieg ...«

Es vergeht fast kein Jahr, in dem nicht mit dem Fernrohr oder auf Fotos des gestirnten Himmels Kometen entdeckt werden. Meistens bleiben sie jedoch so lichtschwach, daß man sie gar nicht mit bloßem Auge sehen kann. Aus diesem Grunde spielen sie in der modernen Astrologie praktisch keine Rolle. Nur wenn ab und zu ein ungewöhnlich heller »Haarstern« von sich reden macht, werden alte Schreckensvisionen und Prophezeiungen erneut aufgewärmt. 1986 wird der Komet Halley wiederkehren, einer der bekanntesten Schweifsterne, der aller sechsundsiebzigeinhalb Jahre in Sonnennähe gelangt und dessen Erscheinen sich über zweitausend Jahre in der Geschichte zurückverfolgen läßt. Als er 1910 seine sonnen- und erdnächsten Punkte erreichte, war er in südlichen Gegenden eindrucksvoll zu sehen. In nördlichen Gefilden präsentierte er sich dagegen während der Dämmerung nur als schwach leuchtendes Wölkchen mit sternartigem Kern. Wenn er uns 1986 beehrt, entfaltet er hoffentlich all seinen Glanz, allen unbegründeten Ängsten zum Trotz.

TIERKREISZEICHEN

Auf einem Bild aus dem Jahre 1515 ist die Astrologie als verführerische junge Dame personifiziert, die einen Schüler in ihre komplizierten Lehren einweiht (Abb. 19). Mit ausgestreckter Hand weist sie auf Claudius Ptolemaeus, der außer seinem großen astronomischen auch ein detailliertes astrologisches Werk hinterlassen hat. Der Gelehrte visiert mit einem Astrolabium, einem arabischen Instrument, die Gestirne an, um so ihren genauen Ort an der Himmelskugel zu ermitteln. Denn das ist ja die Voraussetzung für alle astrologischen Voraussagen. Ein Modell der Himmelskugel nimmt daher den größten Teil des Bildes ein. Eigentlich stellt dieses Modell ein bereits in der Antike verwendetes Instrument, eine Armillarsphäre, dar, die Vorläuferin des Astrolabiums. Ihre verschiedenen Ringe symbolisieren die Breiten- und Längenkreise des Firmaments. Überraschenderweise ist die Armillarsphäre auf dem Kopf stehend wiedergegeben, wodurch sich der Himmelsnordpol unten und der Himmelssüdpol oben befindet. Der waagerechte Großkreis in der Mitte kennzeichnet den Himmelsäquator, der Ring darunter den Wendekreis des Krebses (also den Stand der Sonne am Sommeranfang) und der Ring darüber den Wendekreis des Steinbocks (den Sonnenstand zu Beginn des Winters). Schräg zwischen diesen drei Ringen zieht sich der Gürtel der Tierkreiszeichen mit der scheinbaren jährlichen Sonnenbahn, der Ekliptik, hin, die den Himmelsäquator in einem Winkel von dreiundzwanzigeinhalb Grad schneidet.

Reihenfolge und Namen der Bilder des Sonnenweges stammen von den Griechen. Sie haben diese allerdings zum überwiegenden Teil bereits von den Babyloniern übernommen.

Aber auch in Ostasien ist die Ekliptik schon in alter Zeit mit Tieren bevölkert worden. Da die ostasiatische Sterndeu-

19 Modell der Himmelskugel. Unten links die personifizierte
Astrologie mit einem Schüler, rechts gegenüber
Claudius Ptolemaeus

tung in europäischen Ländern ebenfalls Fuß gefaßt hat, führen wir ihren Tierkreis zum Vergleich mit dem »europäischen« an. Es handelt sich dabei um Ratte (Widder), Büffel
oder Rind (Stier), Tiger (Zwillinge), Hase (Krebs), Drache

(Löwe), Schlange (Jungfrau), Pferd (Waage), Ziege oder Schaf (Skorpion), Affe (Schütze), Hahn oder Huhn (Steinbock), Hund (Wassermann) sowie um Schwein oder Eber (Fische). Angeblich herrschen diese Tiere über einen Zeitzyklus, der jeweils zwölf Doppelstunden, zwölf Tage, Monate und Jahre umfaßt. Ein Zwölfjahreszyklus erstreckte sich zum Beispiel von 1972 (Jahr der Ratte) bis 1983 (Jahr des Schweins oder Ebers). 1984 untersteht demnach wieder der Ratte, 1985 dem Büffel oder Rind, 1986 dem Tiger und so weiter.

Für astrologische Berechnungen war die unterschiedliche Länge und Breite der Sternbilder im Bereich des scheinbaren Sonnenweges natürlich sehr unpraktisch. Deshalb hat man bereits in hellenistischer Zeit die ekliptikalen Figuren ganz schematisch in zwölf Abschnitte zu je dreißig Grad unterteilt. Die Benennung und astrologische Deutung der einzelnen Abschnitte oder Zeichen ging jedoch weiterhin von den ihnen zugrunde liegenden Sternbildern aus. Allmählich ist hier aber eine merkwürdige Situation eingetreten. Die Erdachse vollzieht nämlich eine Präzession genannte Kreiselbewegung, welche die beiden Schnittpunkte der Ekliptik mit dem Himmelsäquator (den Frühlingspunkt am 21. März und den Herbstpunkt am 23. September) im Verlaufe von rund sechsundzwanzigtausend Jahren durch alle zwölf Sternbilder der jährlichen Sonnenbahn verschiebt. (Die Griechen nannten diesen Zeitraum ein Platonisches Jahr.) Der Frühlingspunkt lag deshalb vor etwa zweitausend Jahren noch im Sternbild Widder; heute befindet er sich in den Fischen an der Grenze zum Wassermann.

Wir erwähnen diesen astronomischen Tatbestand (ohne ihn aus Platzgründen näher erläutern zu können), weil er für das Verständnis der astrologischen Praxis unerläßlich ist. In ihren Horoskopen berücksichtigen die Astrologen nämlich die Präzession und damit die Wanderung des Frühlings- und Herbstpunktes nicht. Nach ihrer Meinung steht deshalb die Sonne zu Frühlingsbeginn immer noch im Tierkreiszeichen Widder, dessen Bereich auf der Ekliptik sich schon lange nicht mehr mit dem des astronomischen Tierkreissternbildes Widder deckt. Das wäre jedoch belanglos, da die vermeintliche Wirkung der Tierkreiszeichen nicht von den Sternbildern, sondern von kosmischen Kraftfeldern ausginge, die ihren Ort am Himmel beibehielten und daher von der Präzession unabhängig blieben. Noch anders gesagt: Sonne, Mond und Planeten werden in den Horoskopen beispielsweise statt in das astronomische Tierkreissternbild Fische, wo sie tatsächlich zu sehen wären, in das astrologische Tierkreiszeichen oder Kraftfeld Widder eingetragen. Solche Kraftfelder existieren freilich nur im »Erfahrungsschatz« der Astrologen!

Seltsamerweise beachten sie die Präzession in ihrer sogenannten Zeitalterlehre dann aber doch. Etwa aller zweitausendzweihundert Jahre soll nämlich die Verschiebung des Frühlingspunktes von einem Tierkreisbild zum anderen ein neues Zeitalter einleiten. Zwischen 1980 und 1985 ereigne sich der Übergang vom Zeitalter des Sternbildes Fische in das des Sternbildes Wassermann, das jedoch vom Charakter des astrologischen Wassermann-Zeichens geprägt würde (obwohl, wie gesagt, Bild und Zeichen in ihrer Lage auf der Ekliptik nicht mehr übereinstimmen). In Wirklichkeit verlagert sich der Frühlingspunkt aber erst in etwa fünfhundertsechzig Jahren in das Tierkreissternbild Wassermann.

Von altägyptischen Vorstellungen ausgehend, haben die Astrologen jedes einzelne Zeichen noch in je zehn Grad unterteilt, die gesamte Ekliptik also in sechsunddreißig Teile oder Dekane (das griechische Wort »dekanos« bedeutet »Befehlshaber über zehn Leute«). Jedem einzelnen Dekan sprach man gleichfalls besondere Eigenschaften und Auswirkungen zu. Und schließlich sollte sogar jeder der dreihundertsechzig Ekliptikgrade einen ganz bestimmten Einfluß ausüben. Daraus ergab sich jedoch eine solche Fülle von Deutungsmöglichkeiten, daß schon allein daran alle ernstgemeinten Vorhersagen scheitern mußten.

In den Zeichen des Tierkreises haben die sieben Wandelsterne nicht nur ihre Tag- und Nachthäuser, sondern in gewissen Positionen angeblich auch eine betont starke oder schwache Wirkung. An diesen Orten stünden sie in ihrer Erhöhung (Stärke) beziehungsweise in ihrer Erniedrigung (Schwäche). Über die betreffenden Stellungen informiert die folgende Tabelle:

	Erhöhung		Erniedrigung	
Mond	3° Stier	♉	3° Skorpion	♏
Merkur	15° Jungfrau	♍	15° Fische	♓
Venus	27° Fische	♓	27° Jungfrau	♍
Sonne	19° Widder	♈	19° Waage	♎
Mars	28° Steinbock	♑	28° Krebs	♋
Jupiter	15° Krebs	♋	15° Steinbock	♑
Saturn	21° Waage	♎	21° Widder	♈

In ihren Häusern (Domizilen) und Erhöhungen befänden sich die Wandelsterne, wie die Astrologen sagen, in ihrer Freude und Würde. Fremd wären sie dagegen in Tierkreiszeichen und Positionen, in denen ihnen keine Würde zukäme, und verbannt, vernichtet oder im Exil in jenen Zeichen, die ihren Domizilen diametral gegenüberstehen. Hält sich ein Planet scheinbar zu nahe bei der Sonne auf, so sieht man ihn als verbrannt und dadurch ebenfalls in seiner Wirkung als behindert an. Die Strecke von dreizehn Grad Waage bis zu dreizehn Grad Skorpion gilt als verbrannter Weg, der den Einfluß der Wandelsterne gleichfalls herabsetze. Die Horoskopie braut also ein recht phantasievolles und verwirrendes Gemisch verschiedenster Beeinflussungen zusammen!

Um den Tierkreis rankt sich auch ein dichtes Geflecht mystischer Entsprechungs- und Harmonielehren, sollen doch die geheimnisvollen Übereinstimmungen zwischen Makro- und Mikrokosmos in ihm verschlüsselt sein. Ebenso wie die Planeten wären seine Zeichen männlich und aktiv oder weiblich und passiv: männlich der Widder, weiblich der Stier und so abwechselnd bis zum männlichen Wassermann und den weiblichen Fischen. Welche absurden Schlußfolgerungen daraus gezogen wurden, lehren uns Passagen aus dem astrologischen Werk von Claudius Ptolemaeus. Stünde die Venus zur Geburtsstunde eines Mannes in einem weiblichen Tierkreiszeichen, so wäre er »schamlos, entnervt, zur Schänderei sich heimlich preisgebend«. Da die Venus jedoch etwa alle zwei Monate ein weibliches Zeichen durchläuft, müßte rund die Hälfte aller Männer diese Charaktereigenschaften aufweisen. Umgekehrt neigte die Hälfte aller Frauen zu widernatürlicher Liebe, weil sich in ihrem Horoskop die Venus in einem männlichen Zeichen befindet.

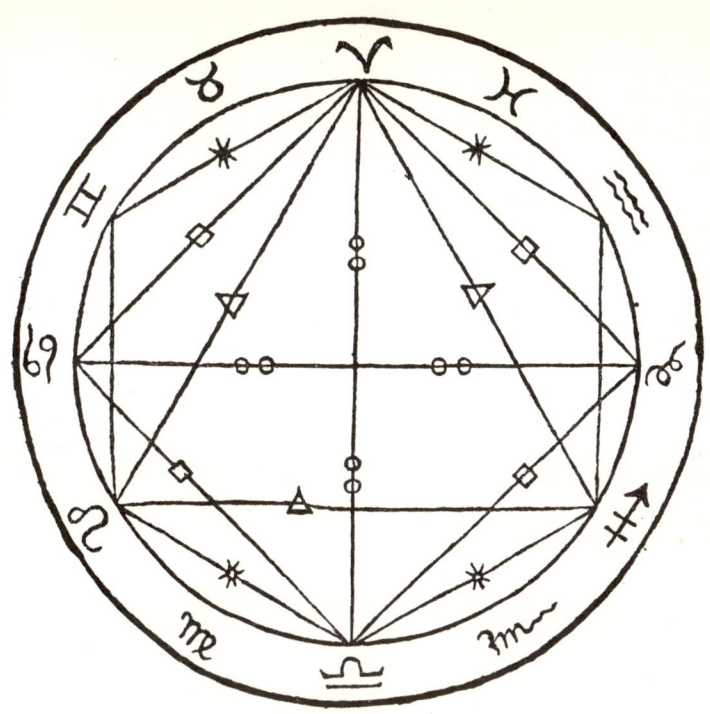

20 Der Ring der Tierkreiszeichen mit Achsenkreuz, Dreieck, Viereck und Sechseck

Betrachten wir uns nun Abbildung 20, in deren ring-förmigem Rand die Symbole der Tierkreiszeichen dargestellt sind! Verschiedene geometrische Figuren verbinden sie mit-einander. Die waagerechte Linie vom Krebs zum Steinbock teilt den Tierkreis in eine obere Hälfte mit den aufsteigen-den und in eine untere Hälfte mit den absteigenden Zeichen. Von ihrem tiefsten Punkt auf der Ekliptik (21. Dezember) wandert die Sonne nämlich durch Steinbock, Wassermann, Fische, Widder, Stier und Zwillinge zu ihrem Höchstpunkt (21. Juni), um dann durch Krebs, Löwe, Jungfrau, Waage, Skorpion und Schütze wieder zu ihrer tiefsten Stellung hin-abzugleiten. (Vergleiche dazu Abbildung 19! Da hier die Himmelskugel »verkehrt« herum zu sehen ist, verlaufen die vorderen, angeblich vitaleren und aktiveren aufsteigen-den Zeichen des Tierkreisgürtels von rechts oben [Steinbock] nach links unten [Zwillinge] und die hinteren, weniger tatkräftigen absteigenden Zeichen von links unten [Krebs] nach rechts oben [Schütze].)

Krebs und Steinbock sowie Widder und Waage stehen sich, wie das Achsenkreuz verdeutlicht, in Opposition gegenüber. Insgesamt ergeben sich im Tierkreis sechs solcher Oppositionen und damit sechs Gegen- oder Diametralzeichen, zwischen denen ein fortwährendes Spannungsverhältnis existiere. Ehepartner, die etwa Krebs und Steinbock als Geburtszeichen hätten, würden daher entweder unter ständigen Reibereien zu leiden haben oder sich in produktiver Auseinandersetzung und Ergänzung gegenseitig fördern.

Das Achsenkreuz gliedert das Jahr außerdem in die vier Jahreszeiten: Widder, Stier und Zwillinge gehören zum Frühling, Krebs, Löwe und Jungfrau zum Sommer, Waage, Skorpion und Schütze zum Herbst, Steinbock, Wassermann und Fische zum Winter. Jahreszeiten und Tierkreiszeichen glichen sich jeweils in ihren Eigenschaften und Besonderheiten. Dabei wären die Frühlings- und Sommerzeichen ebenfalls lebendiger und wirkungskräftiger als die des Herbstes und Winters.

Auf den Tierkreis sind sogar die in der Antike üblichen Vorstellungen über die Elemente, Temperamente und Konstitutionen übertragen worden. Als Elemente, aus denen sich alles Seiende zusammensetzt, galten Feuer, Erde, Luft und Wasser. Nach vier menschlichen Grundtypen unterschied man vier Temperamente: das cholerische, das von gelber Galle, und das melancholische, das von schwarzer Galle herrühren sollte, sowie das sanguinische, das aus dem Blut, und das phlegmatische, das aus dem Schleim hervorgehen würde. Dem cholerischen Temperament entsprach der heiße, trockene Mars, dem melancholischen der kalte, trockene Saturn, dem sanguinischen der feucht-warme Jupiter und dem phlegmatischen die feucht-kalte Venus. Wie man die Elemente und Temperamente im Tierkreis verteilte, machen wir uns am besten ebenfalls mit Hilfe von Abbildung 20 klar.

Dort ist das sogenannte feurige Trigon wiedergegeben, ein Dreieck mit den Feuerzeichen Widder, Löwe und Schütze. Seine Grundhaltung wäre energisch und dynamisch; es stünde dem cholerischen Temperament nahe. Außer diesem lassen sich noch drei weitere Dreiecke im Tierkreis konstruieren. Das irdische Trigon mit den Erdzeichen Stier, Jungfrau und Steinbock halten die Astrologen charaktermäßig für nüchtern, realistisch, praktisch und mit dem melancholischen Temperament verwandt. Zum luftigen Trigon zählen sie die Luftzeichen Zwillinge, Waage und Wassermann. Es versinnbildliche Willensstärke, Führungsqualitäten, Aufgeschlossenheit und Begeisterungsfähigkeit und ähnele dem sanguinischen Temperament. Anders das wäßrige Trigon mit den Wasserzeichen Krebs, Skorpion und Fische, das sich durch Empfindsamkeit, Gefühlsbetontheit und Phantasie auszeichne und mit dem phlegmatischen Temperament verbunden wäre.

Neben dieser sogenannten elementaren Einteilung des Tierkreises in vier Dreiecke, Elemente und Temperamente gehen die Astrologen noch von einer dynamischen Gliederung nach der Konstitution, also nach der Beschaffenheit beziehungsweise der vermeintlich unterschiedlichen Beweglichkeit der Zeichen aus. Das Quadrat in Abbildung 20 symbolisiert das bewegliche Kreuz mit den vier vorwärtsdrängenden Haupt- oder Kardinalzeichen Widder, Krebs, Waage und Steinbock. Es bringt vor allem Selbstbewußtsein, Willensstärke, Tatkraft, Führungsanspruch und Unabhängigkeitsstreben zum Ausdruck. Die vier fixen, festen oder starren Zeichen Stier, Löwe, Skorpion und Wassermann bilden das feste Kreuz mit den ihm gemäßen Eigenschaften: Hartnäckigkeit, Beharrungsvermögen, Ausdauer, Rechthaberei und Eigensinn. Dagegen ist das veränderliche Kreuz mit den veränderlichen, gewöhnlichen, sich anpassenden Zeichen Zwillinge, Jungfrau, Schütze und Fische durch Vielseitigkeit und Aufgeschlossenheit sowie durch Ruhelosigkeit und Unbeständigkeit gekennzeichnet. Der Vollständigkeit wegen erwähnen wir nur, daß man in den Tierkreis auch zwei Sechsecke sowie ein Zwölfeck einträgt und diese mit bestimmten Spekulationen verknüpft.

Auf alles das stützen sich noch immer die astrologischen Voraussagen! Noch heute ordnen die Astrologen, wie ihre Vorgänger im Mittelalter, den Planeten und Tierkreiszeichen gewisse Gesteine, Metalle, Zahlen, Farben, Pflanzen und Tiere zu. Damit hängt auch der Glaube an Amulette und Talismane zusammen, die mit den jeweiligen Symbolen der Wandelsterne oder Tierkreiszeichen geschmückt sind und ihren Träger vor Unheil bewahren sollen.

Seit dem Altertum gelten bestimmte Zahlen, wie die Drei und die Sieben, als besonders bedeutungsschwer. In Schillers »Wallenstein« belehrt der Astrologe Seni die Bediensteten des Fürsten:

»Seni: Elf! Eine böse Zahl. Zwölf Stühle setzt!
   Zwölf Zeichen hat der Tierkreis, fünf und sieben;
   Die heil'gen Zahlen liegen in der Zwölfe.
Zweiter Bedienter: Was habt Ihr gegen Elf? Das laßt mich
   wissen.
Seni: Elf ist die Sünde. Elfe überschreitet
   Die Zehn Gebote.
Zweiter Bedienter: So? Und warum nennt Ihr
   Die Fünfe eine heil'ge Zahl?
Seni: Fünf ist
   Des Menschen Seele. Wie der Mensch aus Gutem
   Und Bösem ist gemischt, so ist die Fünfe
   Die erste Zahl aus grad' und ungerade.
Erster Bedienter: Der Narr!
Dritter Bedienter: Ei, laß ihn doch! Ich hör' ihm gerne zu;
   Denn mancherlei doch denkt sich bei den Worten.«

Das ist es eben. Solche mystischen Spekulationen und Gedankenspiele verlocken wegen ihres scheinbaren Tiefsinns, der sich jedoch bei näherem Hinsehen ins Haltlos-Nebulöse verliert und verflüchtigt.

Faszinierend und verführerisch ist auch die Annahme, aus den Gestirnkonstellationen könne man Art und Wesen einer Krankheit sowie Mittel und Wege für ihre Heilung erkennen. Aus diesem vermeintlich fest begründeten Glauben ging die vor allem im späten Mittelalter äußerst populäre astrologische Medizin hervor. Da sich der Mensch und der Tierkreis im wesentlichen entsprechen sollen (vergleiche auch Abb. 4), wähnt man Glieder und Organe unter Einfluß und Herrschaft der einzelnen Tierkreiszeichen (Abb. 21). Der Widder regiert demnach den Kopf, der Stier den Hals, die Zwillinge beide Arme, der Krebs Brust und Lunge, der Löwe Herz und Rücken, die Jungfrau den Bauch

21 Vermeintlicher Eipfluß der Tierkreiszeichen auf Organe und
Körperteile des Menschen. Der jeweilige Mondstand sollte dabei
über die günstige oder ungünstige Wirkung eines Aderlasses
entscheiden

und seine Eingeweide, die Waage Nieren und Blase, der
Skorpion die Sexualorgane und den After, der Schütze die
Oberschenkel, der Steinbock die Knie, der Wassermann die
Unterschenkel und die Fische die Füße. Wollte man einen
Patienten zur Ader lassen, so mußte man unbedingt auf
den Mondstand in den Tierkreiszeichen achten. Abbildung
21 zeigt, wann der Aderlaß an den entsprechenden Körper-
teilen und Gliedern gut, mittel oder bös war. –

Wir haben nun eine merkwürdige Entwicklung kennen-
gelernt. Aus den Sternbildern der Ekliptik wurden die astrologischen Tierkreiszeichen, die sich räumlich mit den Stern-

figuren gleichen Namens längst nicht mehr decken. Allmählich verselbständigten sich die Zeichen in mehrfacher
Hinsicht. Man benutzte sie als Grundlage für zahlreiche
mythisch-mystische Spekulationen und verwob sie in ein
enges Geflecht aus geometrischen Figuren, Zahlen, Elemen-
ten, Temperamenten, Konstitutionen usw. Schließlich gab
man sie als Kraftfelder aus, die, fest lokalisiert, mit ihrem
eigentlichen Ursprung, den Tierkreissternbildern, kaum
mehr als den Namen gemein hätten.

Seit einigen Jahrzehnten bahnt sich nun eine interessante
neue Tendenz an. Offenbar dienen die Tierkreiszeichen immer mehr als Basis für eine populäre psychologische Typo-
logie, die von zwölf unterschiedlichen Charakter- und Ver-
haltenstypen ausgeht. Damit scheinen sich die Zeichen von
ihrem astrologischen Unterbau zu entfernen und noch weiter
zu verselbständigen. Natürlich sind solche Tierkreis-Typen
in »Reinkultur« wohl nur selten anzutreffen; außerdem sind
sie keine Stütze für die Astrologie. Ein Widder-Typ etwa
könnte in einem beliebigen Monat geboren worden sein, zufällig auch im Widder-Zeitraum vom einundzwanzigsten
März bis zum zwanzigsten April. Die Schmuckindustrie weiß
jedenfalls die wachsende Beliebtheit der Tierkreiszeichen
vielfach zu nutzen.

Wenn wir die einzelnen Tierkreiszeichen und ihre von
den Astrologen oft recht unterschiedlich und widersprüchlich gedeuteten Wirkungen einer kurzen Betrachtung unter-
ziehen, dürfen wir nicht vergessen, daß diese vermeintlich
prägenden Einflüsse der Zeichen durch die wechselnden
Stellungen von Sonne, Mond und Planeten noch verstärkt,
abgeschwächt oder modifiziert werden sollen. Außerdem
spielen im Horoskop die sogenannten zwölf Häuser beziehungsweise Felder oder Räume eine große Rolle, das heißt
angebliche Kraft- und Wirkungsfelder, die bei Voraussagen
im Zusammenhang mit den Wandelsternen und den Tierkreiszeichen berücksichtigt werden müßten. Darüber berichten wir im Abschnitt »Horoskope«. Die angeblichen Auswirkungen der Zeichen des Tierkreises schließen häufig auch
ein Entweder-Oder ein, so daß sich dem Leser das für ihn
jeweils Zutreffende von selbst anbietet. So scheinen die Aussagen an Wahrheitsgehalt zu gewinnen.

Widder ♈
21. März – 20. April

Kann ein Widder fliegen? In der griechischen Sage vermag es zumindest ein goldener Widder, den die Wolkengöttin Nephele ihren Kindern Phrixos und Helle sandte, um sie

22 Das Tierkreisbild Widder

vor deren Vater und Stiefmutter zu retten. Der Widder trug die Bedrohten durch die Luft davon, doch Helle stürzte über der Meerenge der Dardanellen ab, die deshalb seitdem Hellespont heißt. Phrixos gelangte sicher ans Ufer des Schwarzen Meeres, nach Kolchis, wo er den Widder opferte und sein Fell, das Goldene Vlies, im heiligen Hain des Kriegsgottes Ares aufhängen ließ. Zur Erinnerung wurde der Widder dann als Sternbild an den Himmel versetzt (Abb. 22). Den Widder, das männliche Schaf, verehrten aber auch die alten Ägypter in ihrem Kult. Der Herde tapfer voranziehend, war er ein Sinnbild für Kampfesmut und für Fruchtbarkeit. Ein stilisiertes Gehörn bildet sein astrologisches Symbol.

Im Tierkreiszeichen Widder steht die Sonne zu Beginn des Frühlings, und in diesem Zeichen befindet sie sich außerdem in ihrer Erhöhung oder Stärke. Zudem besitzt der Mars im Widder sein Nachthaus; angeblich haben der Planet und sein Domizil fast identische Eigenschaften. Als männlich-aktives und bewegliches Tierkreiszeichen ist der Widder dem cholerischen Temperament verwandt. Das soll sich alles auf die in diesem Zeichen Geborenen auswirken.

Solche Menschen seien in ihrem Sinnen und Trachten stets der Gegenwart verhaftet. Impulsiv und schnell in ihren Reaktionen, liebten sie ständige Abwechslungen, aufregende Abenteuer und spannungsgeladene Situationen. Ihr beschleunigter Lebensrhythmus verursache eine fortwährende motorische Unruhe und treibe sie zu ungestümer Aggressivität. Erstaunliche Initiative, kühner Unternehmungsgeist, resolute Tatkraft zeichne sie aus. Kaum zu bremsen in ihrem Vorwärts- und Eroberungsdrang, begeisterten sie sich rasch auch für utopische Pläne und gewagte Aktionen. Erst in gefährlichen Auseinandersetzungen entfalteten sich all ihre Kräfte. Einfühlungsvermögen, Behutsamkeit, Umsicht und Geduld könne man von ihnen nicht erwarten. Am liebsten wollten sie ihre Ziele sofort und ohne jede Umschweife erreichen. Spontan in ihren Äußerungen und Verhaltensweisen, leicht reizbar und aufgebracht, neigten sie oft zu wilden, ungezügelten Gefühlsausbrüchen. Alles sähen sie nur aus ihrer Perspektive; ihren Meinungen, Ansichten, Überzeugungen und Geschmacksrichtungen wüßten sie selbstbewußt und energisch Geltung zu verschaffen.

Aus ihrem Wesen und Temperament erklärten sich ihre Stärken und Schwächen. Wer würde von ihrer Jugendhaftigkeit und Frische, ihrer Dynamik und ihrem Elan nicht beeindruckt sein! Vor ihrer Unbesonnenheit und Verwegenheit müsse jedoch gewarnt werden. Gar zu häufig unterlägen sie trügerischen Illusionen und folgenschweren Fehleinschätzungen. Draufgängerische Widdernaturen erwiesen sich nicht nur als jähzornig, sondern auch als uneinsichtig und starrköpfig. Mit Geld gingen sie recht leichtsinnig und verschwenderisch um. Es bereite ihnen große Freude, Geschenke zu machen oder auf andere Weise den Großzügigen zu spielen.

Widdermenschen sagt man ein beachtliches Geschick für Improvisationen und Erfindungen nach. Das Wesen einer Sache erfaßten sie vor allem intuitiv. Da sie leidenschaftlich und gefühlsbetont Partei nähmen, fällten sie meist einseitige, Emotionen unterworfene Urteile. Einen Beruf zu wählen bereite ihnen keine besonderen Schwierigkeiten. Natürlich verabscheuten sie eine vorwiegend sitzende Tätigkeit und bevorzugten statt dessen Arbeiten, bei denen Muskelkraft erforderlich ist und die Einsatzbereitschaft und Wagemut verlangen. Sie möchten gern Pioniere und Bahnbrecher sein. Systematisch, stetig, ausdauernd und pünktlich zu arbeiten sei allerdings nicht ihre Sache. Gegenüber Vorgesetzten verhielten sie sich diszipliniert, wenn sie sich selbst entsprechend respektiert und nicht eingeengt und gegängelt oder in ihrem Stolz und ihrer Ehre verletzt fühlten. Von Untergebenen forderten sie jedoch unbedingten Gehorsam und duldeten keinerlei Widerspruch. Auch auf künstlerischem Gebiet wollten sie immer mit Neuem vorangehen, möglichst ohne an Traditionen anzuknüpfen. Mit feuriger Phantasie gestalteten sie kontrastreiche, farbenfrohe Bilder voller Bewegung; ihre Sprache sei derb, drastisch und gepfeffert. In der Kleidung empfinde sich die Widder-Frau als Vorkämpferin für extravagante Moden. Die Vermännlichung der weiblichen Kleidung ginge insbesondere auf ihr Konto. Der Widder-Mann lasse sich die Haare meist ganz kurz schneiden und verzichte grundsätzlich auf Hüte.

Und die Liebe? Da Mars im Widderzeichen regiert und die Venus sich hier im Exil befindet, triumphiert angeblich triebhafte Begierde über tieferes Empfinden und wilde Leidenschaft über gefühlvolle Zärtlichkeit. Ein Widder-Mann will vor seiner Frau glänzen und von ihr bewundert werden. Sie soll allen seinen Wünschen entgegenkommen. Ganz ähnlich versuche die Widder-Frau, sich ihren Mann gefügig zu machen, es sei denn, er wäre ihr so eindeutig überlegen, daß sie ihn von sich aus als den schönsten, größten und besten anhimmeln möchte.

Widder-Menschen zeichne eine robuste Gesundheit aus. Unbesorgt könnten sie lange Zeit aus dem vollen leben.

Freilich bestünde im reiferen Alter auch die Gefahr eines zu raschen Verschleißes. Im ganzen von muskulöser, aber doch schlanker Gestalt, ähnele das Profil ausgeprägter Widder-Typen in manchem dem ihres irdisch-himmlischen Vorbildes. Mit nach vorn gerichtetem Kopf schritten sie eilig und zielbewußt dahin. Fallen sie noch durch heftige Gebärden, stechenden Blick, gebieterische Stimme und festen Händedruck auf, fragen wir vielleicht einmal: »Sind Sie wirklich ein Widder?«

Stier ♉
21. April – 20. Mai

Wußten Sie schon, daß unser Kontinent Europa einer Liebesaffäre seinen Namen verdankt? Zeus, der griechische Göttervater, näherte sich der jungen phönizischen Königstochter Europa in Gestalt eines weißen Stieres, und als sich die Arglose lachend auf seinen Rücken setzte, entführte er sie auf die Insel Kreta, wo er sich ihr ungestört widmen konnte. Nach der schönen Europa wurde der Kontinent benannt, der Stier aber kam als Sternbild an den Himmel (Abb. 23). Stiere haben freilich im Kult vieler alter Völker eine große Rolle gespielt. Darüber ließe sich sogar ein eigenes Buch schreiben.

Im Zeichen des Stieres hat der Mond seine Erhöhung und die Venus ihr Nachthaus. Melancholisch im Temperament, gehört der Stier zu den weiblich-passiven, irdischen und festen beziehungsweise starren Zeichen. Aus diesen Besonderheiten würde sich seine Wirkung auf alle unter seiner Herrschaft Geborenen erklären. Sein astrologisches Symbol ist ein Kreis mit stilisierten Hörnern.

Schon durch seinen Anblick suggeriert ein massiger Stier ganz bestimmte Eigenschaften. Er scheint voller Ausdauer, Kraft und Ruhe und wirkt meist langsam, bedächtig, ja schwerfällig. Doch wehe, wenn er sich in Bewegung setzt und auf ein Ziel losstürmt! Dann merkt man erst, was an Vehemenz und entfesselter Energie in ihm steckt.

Der Stier ist ein Wiederkäuer. Er verwertet seine Nahrung nur langsam und nicht auf einmal. Psychisch gesehen, gelte das auch für die Stier-Menschen. Was ihnen an Ereignissen und Eindrücken begegne, müßten sie erst geraume Zeit verarbeiten, wiederkäuen, verdauen. Vergangenes werde von ihnen immer wieder neu durchdacht und aufgearbeitet. Ganz im Gegensatz zum spontanen, impulsiven

23 Das Tierkreisbild Stier

Widder seien sie bedächtig in ihren Reaktionen, konservativ in ihren Überzeugungen, beständig in ihren Gewohnheiten und Neigungen. Mit raschem Wechsel in den Lebensverhältnissen könnten sie kaum fertig werden, Anpassungsfähigkeit ginge ihnen fast völlig ab. Sie lebten und handelten nach festen Grundsätzen und in treuer Pflichterfüllung. Ärger und Groll schluckten sie meist hinunter, bis schließlich ein einziger Tropfen das Faß zum Überlaufen bringe. Im allgemeinen seien sie einfach, gutmütig, friedlich und gefällig.

Wenn Saturn die Stier-Geborenen ungünstig beeinflusse, zeigten sich diese als schwermütige, schweigsame, dumpfe Charaktere, begriffsstutzig, aber auch nachträgerisch und in üblen Launen verharrend. Würden jedoch Sonne, Mars oder Jupiter stark auf den Stier einwirken, ergäbe sich ein ganz anderes Bild. Dann hätten wir leicht anreg- und reizbare, unternehmungs- und lebenslustige, leidenschaftlich und wild auf ihr Ziel losstürmende Menschen vor uns. Sie wollten besitzen und genießen, Geld anhäufen und Reichtümer sammeln. Verschwenderisch wie die Widder wären sie nicht.

Da Venus in dem Zeichen herrsche, verleihe sie den Stier-Typen in der Regel eine harmonische Ausgeglichenheit. Sie verfügten über eine gute Beobachtungsgabe und ein zuverlässiges Gedächtnis, könnten sich aber abstraktes Wissen nur mit Mühe aneignen. Dafür wären sie praktisch veranlagt, besäßen einen gesunden Menschenverstand und urteilten nüchtern und realistisch. Ihre Kenntnisse und Erfahrungen gründeten sich auf sinnlicher, gegenständlicher Anschauung. In Berufen, die solche Veranlagungen erforderten, würden sie Erstaunliches leisten. Eine klar und überschaubar geordnete Tätigkeit, eventuell mit automatischen Arbeitsgängen, entspräche ihrem Wesen und ihren Fähigkeiten am besten. Nur selten wechselten sie ihre Arbeitsstellen, an denen sie sonst ausdauernd und diszipliniert ihrem Broterwerb nachgingen. Allerdings bestünde dabei die Gefahr, daß sie sich allmählich selbst zum Sklaven ihrer Arbeit degradierten. Auf angemessene Entlohnung legten sie trotzdem immer besonderen Wert.

Was die Kleidung betrifft, so achte die Stier-Frau darauf, nicht durch Extravaganzen aufzufallen und keinen Modetorheiten zu folgen. Stets kleide sie sich geschmackvoll, wobei sie glänzende Stoffe und weite Röcke bevorzuge. Stier-Männer gäben dagegen weniger auf ihr Äußeres acht und trennten sich mitunter nur schwer von abgetragener, aber eben gewohnter Kleidung.

In der Liebe träte deutlich das Erdgebundene und Feste des Stier-Zeichens ans Licht und manifestiere sich in Beständigkeit und Treue. Mars befinde sich im Stier im Exil, die Venus vermittle durch ihr Domizil Zärtlichkeit, Sinnlichkeit und Empfindungsreichtum. Liebesgefühle entwickelten sich bei Stier-Menschen freilich meist nur langsam und im Verborgenen, bis sie dann mit einem Male mit unwiderstehlicher Leidenschaft hervorbrächen. Auch die Sexualität spiele dabei eine beträchtliche Rolle.

Stier-Typen wiesen eine kräftige physische Konstitution

auf und wären starke Esser. Daher litten sie gar nicht so selten an Fettsucht. Sie zeichneten sich durch kraftvolle Arme und Schultern, einen kurzen, dicken Nacken, breite Stirn, weit auseinanderliegende Augen, fleischige Nase, volle Lippen und einen schweren, massigen, aber nicht plumpen Körper aus. Ihre Stimme klänge sympathisch, was auch deswegen kein Wunder wäre, weil der Stier über Hals und Kehlkopf gebiete. Viele Sänger und Sängerinnen hätten den Stier als Geburtszeichen in ihrem Horoskop! Man kann sich das kaum vorstellen: ein musikalischer, mit sanfter Stimme Lieder trällernder Stier ...

Zwillinge ♊
21. Mai – 21. Juni

Für Götter ist es kein Problem, verschiedene Gestalten anzunehmen. So näherte sich der Himmelsgott Zeus der reizenden Leda als Schwan, um leichter sein Ziel zu erreichen. Bald darauf wurde Leda aber auch von ihrem Gatten liebend umfangen. Nach der üblichen Zeit gebar sie Zwillinge: ihren unsterblichen Sohn Pollux, den Zeus, und den sterblichen Kastor, den ihr Gatte gezeugt hatte. Die Zwillinge wuchsen zu einem unzertrennlichen, tapferen Heldenpaar heran. Doch Kastor wurde im Streit mit zwei anderen Brüdern erschlagen. Zeus erlaubte aber seinem Sohn Pollux, künftig die Zeit mit dem geliebten Bruder abwechselnd in der Unterwelt und auf dem Olymp zu verbringen. Außerdem wurden beide als Sternbild am Firmament verewigt. Abweichend von sonst üblichen Darstellungen, sind die Zwillinge auf Abbildung 24 mit Flügeln, einer gezähnten Sichel und zwei schalenartigen Gebilden wiedergegeben, zwischen denen sich eine Art Säule befindet. Vermutlich soll damit auf die Entmannung des Uranos, die Trennung von Himmel und Erde und auf die »Weltsäule« angespielt werden.

Astrologisch gesehen, verkörpert das Zwillingspaar ganz allgemein Dualität und Polarität. Sein Symbol besteht aus zwei senkrechten parallelen Linien, die oben und unten durch Querstriche verbunden sind. In den Zwillingen verfügt Merkur über sein Nachthaus; der Planet und das männlich-aktive Zeichen kommen sich in ihrer Bedeutung angeblich sehr nahe. Wie schon erwähnt, zählen die Zwillinge zu den luftigen und beweglichen Zeichen und zum sanguinischen Temperament.

24 Das Tierkreisbild Zwillinge

Menschen mit dem Geburtszeichen Zwillinge würden entweder dem Pollux- oder dem Kastor-Typ entsprechen beziehungsweise die Eigenschaften beider mehr oder weniger in sich vereinen. Sie könnten sich rasch allen Situationen anpassen. Von schneller Auffassung, wären sie stets lernbereit und an vielem interessiert. Ihr scharfer Intellekt befähige sie, gewandt und überzeugend zu argumentieren. Aufgeschlossen und kontaktfreudig, wüßten sie sich leicht in andere zu versetzen. Man hält sie für kunst- und literaturbeflissen, für sprachbegabt und für gute Schauspieler. Bei ungünstiger planetarer Einwirkung würde ihre Neugierde über ihren Wissensdrang siegen. Ihre Interessen blieben dann an der Oberfläche haften, leerer Redeschwall träte an die Stelle inhaltsreicher Worte, die Betroffenen erlägen schnell den verschiedensten Versuchungen und zeigten sich sprunghaft, zerfahren und zappelig.

Mehr dem Kastor-Typ verbundene Zwillinge wären überwiegend gefühlsbetont, aber inaktiv. Sie fielen durch ständig wechselnde Stimmungen und Launen auf, hätten Lust an spielerischen Zerstreuungen und Vergnügungen sowie an häufigen Veränderungen und Reisen. Die stärker durch den Verstand geprägten Pollux-Typen verhielten sich insgesamt ruhiger und beherrschter. Als nüchterne, wortgewandte, diplomatische Realisten strebten sie vor allem nach persönlichem Vorteil. Freiheit und Ungebundenheit stellten sie über alles. Auch in der Haltung zum Geld und zu Sachwerten mache sich die widersprüchliche Doppelnatur des Zwillinge-Zeichens bemerkbar. Denn Zwillinge-Geborene interessierten sich entweder stärker für geistige als für materielle Belange, oder bei ihnen drehe sich fast alles ums Geld. Dann hielte sie Merkur, der listige Gott der Kaufleute, Diebe, Gauner und Hochstapler, fest im Griff.

Ihrer Doppelnatur gemäß zögerten Zwillinge-Typen bei der Wahl eines Berufes. Sie müßten sich oft erst mühsam zu einem Entschluß durchringen. Am liebsten übten sie abwechslungsreiche Tätigkeiten aus, die Schnelligkeit, Geschicklichkeit und Anpassungsvermögen erforderten. Allerdings ließen sie Pünktlichkeit und Stetigkeit vermissen. Für Lob und Anerkennung durchaus dankbar und empfänglich, würden sie jedoch scharf reagieren und sich heftig wehren, wenn sie sich angegriffen fühlten.

Was die Kleidung betrifft, so bevorzuge die Zwillinge-Frau bunte Stoffe, einen jugendlich-sportlichen, zweiteiligen Schnitt und eine phantasiebetonte Ausstattung. Der männliche Kastor-Typ lege Wert auf recht wirkungsvolle, manchmal sogar stutzerhafte Bekleidung, während sich der Pollux-Mann dabei klug zurückhalte und guten Geschmack beweise. Ebenso wie in der Kleidung sollen sich beide Zwillinge-Typen nach Meinung der Astrologen auch in ihrem Liebesleben unterscheiden. Kastor-Geprägte sind demnach verführerische, leidenschaftlich liebende Menschen, deren Gefühle aber rasch wieder abklingen und vergehen. Feste, dauerhafte Bindungen schätzen sie nicht allzu sehr. Pollux-

Charaktere versuchen, sich ehelicher Verantwortung überhaupt zu entziehen und ihre Leidenschaften durch den Verstand zu regulieren. Im allgemeinen sind Zwillinge-Frauen den Männern gegenüber anpassungsfähig, feinfühlig, verständnisvoll und anteilnehmend. Von ungünstigen Aspekten beeinflußt, würden sie sich freilich gern erobern lassen und dann allen und keinem gehören.

Trotz einer bemerkenswerten psychischen Vitalität besitzen Zwillinge-Menschen angeblich eine schwache, anfällige Konstitution. Das Essen spielt für sie keine besondere Rolle; Appetitlosigkeit ist bei ihnen nicht selten. Mit feinen Gesichtszügen ausgestattet, wiesen typische Zwillinge eine breite Stirn, eine lange Nase und ein spitzes, vorspringendes Kinn auf. Groß, schmal und gelenkig, bewegten sie sich schnell, gestikulierten viel und sprächen in raschem Tempo mit klangvoll-melodiöser Stimme. Es wäre vielleicht ganz amüsant, sie als Gesellschaftsspiel nach astrologischen Gesichtspunkten zu »sortieren«: hie Kastor, da Pollux ...

Krebs ♋
22. Juni – 22. Juli

Daß der Krebs an den Himmel kam, verdankt er einem Fußtritt, der ihn zermalmte. Hera, die Göttermutter und Gattin des Zeus, hatte den mächtigen Krebs der giftschnaubenden neunköpfigen Wasserschlange, der Hydra, zu Hilfe gesandt, als sie im Kampf gegen den gewaltigen Helden Herakles unterlag. Unversehens zwackte der Krebs Herakles in die Ferse, aber der wurde mit dem gefährlichen Gegner blitzschnell fertig. Die Sternbilder Hercules (griechisch Herakles), Wasserschlange und Krebs erinnern noch heute an dieses Ereignis (Abb. 25).

Im Zeichen des Krebses strahlt die Sonne mit all ihrer Kraft vom frühsommerlichen Himmel. Der Mond hat im Krebs sein nächtliches Domizil aufgeschlagen; die Wirkung des Erdtrabanten soll von der seines Tierkreiszeichens kaum zu unterscheiden sein. Nach altem Glauben hängen Fruchtbarkeit und Vermehrung der Krebse vom Mond ab. Mars befindet sich im Krebs in seiner Erniedrigung. Saturn steht hier im Exil, Jupiter jedoch in seiner Erhöhung. Das alles spielt eine ebenso wichtige Rolle wie die Charakteristik des Krebses als weiblich-passives, wäßriges, bewegliches und phlegmatisches Zeichen. Zwei Kreise, von denen ein flacher Bogen ausgeht, bilden sein Scheren-Symbol – eine in sich geschlossene, der vermeintlichen Eigenart des Krebses angemessene Form.

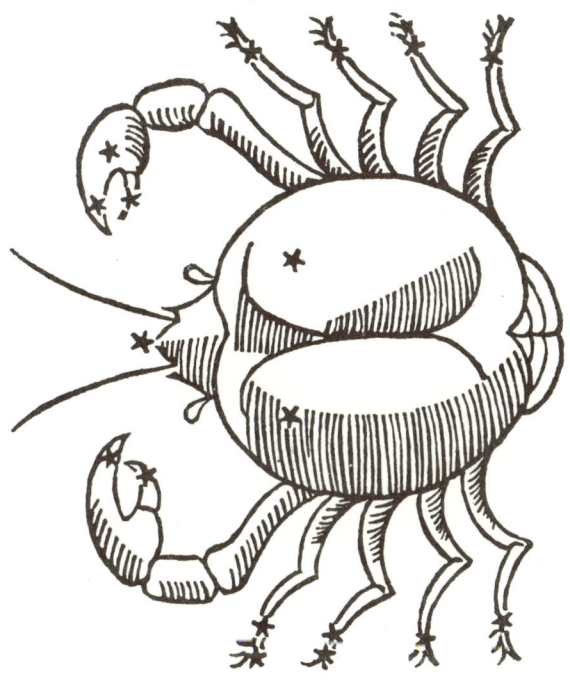

25 Das Tierkreisbild Krebs

Krebse sind rückwärtsgehende, meist einsiedlerisch lebende Schalentiere, deren weiches, verletzliches Innere sorgsam durch einen harten Panzer geschützt wird. Auch aus diesen Eigenschaften sollen sich Wesen und Verhaltensweisen der im Krebs-Zeichen Geborenen erklären. Sie würden in ihren Handlungen stark durch das Unbewußte, Instinkthafte bestimmt und wendeten sich nur allmählich und zögernd der rauhen Wirklichkeit mit ihren Problemen zu. Sehr phantasievoll und sensibel, verharrten sie gedanklich lange in ihrer Kindheit und in ihren oft romantischen Träumen. Auf sie träfe das Sprichwort zu: »Stille Wasser sind tief!« Häufig suchten sie Zuflucht in der Natur, um während einsamer

Spaziergänge ihr seelisches Gleichgewicht wiederzufinden. Man müsse aber zwei Krebstypen unterscheiden: einen ruhigen, beschaulichen, häuslichen, bequemen, seßhaften und einen launischen, schrulligen, unpraktischen, nach Abwechslung hungernden Typ, bei dem sich der Einfluß des Mondes deutlich bemerkbar mache.

Krebs-Geborene zeichneten sich insbesondere durch eine sehr enge Mutterbindung aus, die ihr Leben im Positiven wie im Negativen bestimme. Für Krebs-Frauen sei die Identifikation mit ihrer Mutter im allgemeinen günstiger, weil sich die mütterlich-fraulichen Gefühle und Eigenschaften dadurch stärker entfalteten. Bei Krebs-Männern führe die Vorherrschaft der Mutter leicht zu Ängstlichkeit, Schüchternheit, Prüderie und Passivität. Überhaupt flüchteten vom Krebs Beeinflußte gern in Abgeschlossenheit und Stille, in die Welt der Bücher und des schönen Scheins. Die rauhe Schale, die Sprödigkeit nach außen und gegen andere diene für ihr überempfindliches, oft melancholisches Gemüt als lebenswichtiger Selbstschutz. Durch seine Vorsicht und Zurückhaltung, heißt es, wird der Krebs-Mensch an Abenteuern gehindert. Er wagt kaum, weitgesteckte Ziele zu verfolgen und dabei viel Geld zu verdienen. Wenig ehrgeizig und großen Anstrengungen abgeneigt, begnügt er sich auch mit geringerem Lohn.

Bemerkenswert sind nach astrologischer Lehre Intuition und Gedächtnis der Krebs-Geborenen. In der Familientradition stehend, wählen sie nicht selten den Beruf des Vaters oder den der Mutter. Die passiver Veranlagten wenden sich meist einer Tätigkeit mit gleichbleibenden Arbeitsgängen zu, die Nervöseren und Aktiveren schätzen eine Arbeit, die ihnen mehr Spielraum läßt. Deshalb wäre bei den zwei Krebstypen auch die Arbeitsweise verschieden: bedächtig, regelmäßig, ausdauernd und intuitiv bei den Passiveren (wobei sie häufig nicht die Stellung einnehmen, die ihnen eigentlich zukäme) – unbeständig, wechselhaft und allzu individuell bei den Nervöseren.

Von der Krebs-Frau wird behauptet, daß sie ihren Körper sorgfältig pflegt, in ihrer Kleidung der jeweiligen Mode folgt, insgesamt aber zarte Farben und alles das bevorzugt, was ihre Weiblichkeit betont. Im Gegensatz dazu gilt der

Krebs-Mann meist als so stark mit sich selbst beschäftigt, daß er kaum auf sein Äußeres achtet und sich daher häufig ausgesprochen lässig kleidet.

Glauben wir den Astrologen, dann bildet die Liebe für Krebs-Menschen öfters ein Problem. Infolge ihrer besonderen Mutterbindungen wollen sie selbst bemuttern oder bemuttert werden. Wenn ihre Sehnsucht nach Zärtlichkeit keine Erfüllung findet oder gar schroffe Abweisung und Spott erfährt, verschließen sie sich noch mehr und kapseln sich eventuell gänzlich ab. Krebs-Männer sind entweder treue und beständige Ehegatten und Väter oder, unter Mondeinfluß, zu echter Liebe unfähige Schürzenjäger, die sich zeit ihres Lebens nicht von ihrer Mutter lösen und daher andere Frauen nicht voll akzeptieren können. Manche Krebs-Frauen gehen wegen zu starker Vorherrschaft des Elternhauses gar nicht erst eine Ehe ein, andere erleiden, da sie ihr Idealbild nirgends antreffen, eine Liebesenttäuschung nach der anderen. Oft drängt bei ihnen das Mütterliche das Erotische und Sexuelle zurück.

Die Krebs-Typen sollen unter nervöser Reizbarkeit leiden und ein sehr starkes Schlafbedürfnis haben. Vom Krebs besonders geprägte Menschen zeichneten sich durch ein volles Gesicht, eine gewölbte Stirn, etwas hervortretende Augen, eine Stupsnase und einen sinnlichen Mund, aufgedunsen-schwammige Haut und fahle Blässe aus. Viele wären in Haltung und Gangart langsam, träge und lässig. Ihr weicher Händedruck und ihre schüchterne Stimme ließen ebenfalls erkennen, daß sie zum Krebs-Zeichen gehörten. Aber nur rückwärts wie die echten Krebse geht offenbar keiner von ihnen.

Löwe ♌
23. Juli – 22. August

Einen Löwen mit bloßen Händen zu erwürgen ist bestimmt nicht jedermanns Sache. Herakles, der auch die Hydra und den Krebs bezwang, brachte auf diese Weise einen als unbesieglich geltenden Löwen zur Strecke, weil dessen Fell für Pfeile und Stiche undurchdringlich war. Eine solche Heldentat mußte natürlich besonders gewürdigt werden. Zur Erin-

nerung daran wurde deshalb der besiegte Löwe in ein Sternbild verwandelt (Abb. 26). Das Tierkreiszeichen Löwe wird
von einem Kreis mit einem geschwungenen Bogen symbolisiert, der einem Fragezeichen ähnelt und den Schwanz des

26 Das Tierkreisbild Löwe

Tieres stilisiert. Im Löwe-Zeichen wohnt die Sonne in ihrem Taghaus; der Saturn befindet sich hier im Exil. Der
Löwe ist ein männlich-aktives, feuriges und festes Zeichen,
sein Temperament cholerisch. Wo immer Löwen ihr Gebrüll
ertönen ließen, galten sie als Sinnbild für Majestät, Macht,
Kraft und Gewalt. Löwe-Menschen, die noch dazu so eng
mit der Sonne verbunden sind, dürfen wir uns daher wohl
kaum als Feiglinge und Schwächlinge vorstellen.

In der Tat verleihen die Astrologen den im Zeichen des
Löwen Geborenen viele Eigenschaften, die denen ihres na-
türlichen Vorbildes scheinbar entsprechen. Sie sollen über
einen festen Willen verfügen, der sie unbeirrbar ihr Ziel
verfolgen läßt. Einer ihrer hervorstechendsten Charakterzüge ist angeblich der Ehrgeiz. Er treibt sie die soziale Stu-

fenleiter immer weiter hinauf. Je höher sie auf ihr stehen, desto wohler fühlen sie sich. Bei diesem Aufstieg kommt ihnen ihre ungewöhnliche Tatkraft und Begeisterungsfähigkeit zu Hilfe. Wer sich ihnen entgegenstellt, den drängen sie beiseite, wer sich ihnen ernsthaft widersetzt, den bekämpfen sie unerschrocken, aber mit offenem Visier. Falschheit und Heuchelei sind ihnen ein Greul. Anordnen, Befehlen, Herrschen ist ihnen sozusagen angeboren.

Doch wo viel Licht ist, da ist auch viel Schatten. Natürlich hat ein solcher Astrologen-Löwe außer bewundernswerten Stärken eine Menge Schwächen. Denn wer sich selbst in den Mittelpunkt rückt und sein eigenes Denkmal errichtet, verfällt leicht der Eitelkeit, Selbstherrlichkeit und Prunksucht. Er wird hochmütig und ruhmsüchtig, stellt sich und die Seinen, Luxus und Besitz zur Schau und sinkt schließlich vielleicht sogar zum Prahlhans herab.

Wie bei allen Tierkreiszeichen wäre jedoch die Planetenkonstellation maßgebend dafür, wozu sich ein Löwe-Typ wirklich entwickelt. Herrschen Mars und Jupiter vor, machen sie ihn zu einem Realisten. Dann ist er ein aus dem vollen lebender, leidenschaftlicher Erfolgsmensch, der anderen seinen Willen aufzwingt und oft Gewalt vor Recht ergehen läßt. Wirken sich indessen Sonne, Saturn und Uranus stärker auf ihn aus, ist seine Herrschsucht gebändigter, strebt er mehr nach Harmonie und geistiger Freiheit, durchschaut er besser größere Zusammenhänge und setzt seine Fähigkeiten und Kräfte zielbewußter für höhere Ideale ein.

Zum Geld hätten die »Löwen« häufig ein recht inniges Verhältnis, indem sie nämlich gern den Löwenanteil für sich beanspruchten. Das ist kein Wunder, leben sie doch meist auf großem Fuß, schätzen Vergnügungen und Zerstreuungen, führen ein offenes Haus, geben, schenken, verstreuen ... Solcher Luxus kostet Geld und nochmals Geld, und das wissen die Löwen sich sehr wohl zu beschaffen.

Sinnen, Trachten und Handeln von Löwe-Menschen sind stets auf die Wirklichkeit gerichtet und bezogen. Das tritt auch bei der Berufswahl zutage. Sie erfolgt ganz bewußt unter dem Gesichtswinkel einer künftigen Karriere. Von vornherein wird eine leitende Stellung, eine gesellschaftliche Funktion, ein öffentliches Amt ins Auge gefaßt, eine Position also, in der sich Löwe-Typen voll bewähren und durchsetzen können. Zugute kommen ihnen dabei Organisationstalent, Disziplin, Ordnungsstreben, Pflicht- und Verantwortungsgefühl. Sich unterzuordnen fällt ihnen schwer.

Ein Löwe-Mann weiß selbstverständlich, daß für seine gehobene Stellung eine elegante Kleidung notwendig ist. Außerdem will er ja imponieren. Die Löwe-Frau möchte da ebenfalls nicht zurückstehen. An Kleidung, Schmuck, Parfums scheint ihr das Beste gerade gut genug. Reichen dafür ihre finanziellen Mittel nicht aus, hält sie sich wenigstens an allerlei Tand, Flitter und Imitation.

Hingebungsvolle Liebe ist den Löwe-Menschen nach astrologischer Ansicht kaum möglich. Eigentlich lieben sie nur sich selbst. Sich einem anderen völlig zu schenken, würden sie als Selbstaufgabe, Entwürdigung, Unterjochung empfinden. Der Löwe-Mann glaubt, daß die Frauen nur für ihn existieren. Er will sie erobern und besitzen, sie sollen ihn respektieren, bewundern, in erotischer Spannung halten. Für die Löwe-Frau dient die Liebe häufig als Selbsterhöhung, indem sie sich einen Mann wählt, durch den ihr eigenes Ansehen wächst. Aus diesem Grunde ist sie sehr anspruchsvoll. Beide, Mann wie Frau, hätten in der Ehe ständig mit dem Konflikt zwischen Liebe, Eigenliebe und verletzter Eitelkeit zu ringen.

Alle, die dem Löwe-Zeichen unterstünden, würden in der Regel gesund, vital und widerstandsfähig sein. Sie äßen und tränken gern und viel, ohne die Folgen zu bedenken. Maßhalten wäre für sie fast ein Fremdwort. So könnten schließlich Herz und Kreislauf schwer in Mitleidenschaft gezogen werden. »Echte« Löwe-Typen zeichneten sich durch starken Körperbau, breite Schultern, großen Kopf und wilde Haarmähne aus. Dazu kämen ein quadratisches Gesicht, ein ausgeprägtes Kinn, markante Gesichtszüge und eine herausfordernd-stolze Kopfhaltung. Schnell schritten sie einher, gebieterisch in ihren Gebärden. Ihr Gelächter wäre schallend, ihre Stimme hell und laut, ihr Händedruck herzlich, aber derb. Manchmal wirke ihr Auftreten direkt theatralisch. Besäßen sie einen Schwanz wie die richtigen Löwen, benutzten sie ihn vermutlich als Stimmungsbarometer: stolz erhoben, zornig peitschend oder gemütvoll gesenkt.

Jungfrau ♍

23. August – 22. September

Als Sternbild verkörpert die Jungfrau einen Widerspruch in sich. Die Sternfigur versinnbildlicht nämlich die griechische Getreidegöttin und Kornmutter Demeter, und die war keine

27 Das Tierkreisbild Jungfrau

Jungfrau mehr, sondern eine mütterliche Gottheit der Fruchtbarkeit und Reife. Spica, ihr Hauptstern, galt als Kornähre. Abbildung 27 zeigt uns die Jungfrau mit Flügeln, drei Ähren in der rechten und mit einem langen Stab in der linken Hand – offenbar dem Heroldsstab des Hermes-Merkur. Der Planetengott Merkur hat ja im Jungfrau-Zeichen sein Taghaus aufgeschlagen. Außerdem befindet er sich in ihr

101

in seiner Erhöhung, was sich nach astrologischer Deutung doppelt stark bemerkbar machen soll. Darüber hinaus steht die Venus in der Jungfrau in ihrer Erniedrigung – angeblich kein gutes Omen für die Liebesbeziehungen ihrer Schützlinge. Symbol des Jungfrau-Zeichens, das als weiblich-passiv, irdisch, veränderlich und melancholisch gilt, ist ein m mit verlängertem letztem Strich und einem daran anschließenden Häkchen – insgesamt eine Abstraktion von Körper, Flügeln und Ähre.

Wer im wörtlichen oder übertragenen Sinne jungfräulich bleiben will, stellt hohe Anforderungen an sich selbst. Er hat immer Herr über sein Ich zu bleiben und darf sich keine Schwächen erlauben. In besonders enger Weise ist er stets an Prinzipien, Normen und moralische Wertvorstellungen gebunden. Wille und Verstand müssen über Gefühle, Empfindungen, Triebe und Leidenschaften die Oberhand behalten. Zucht und Ordnung bestimmen dann das ganze Leben. Andererseits spornt die geistige Disziplin zu kulturellen und anderen Leistungen an.

Ausgeprägte Jungfrau-Typen, versichern die Astrologen, litten jedoch oft unter innerer Unruhe und Unsicherheit. Emotionen und Wünsche lassen sich eben nicht restlos verdrängen und unterdrücken. Gegen ihren spontanen Ansturm helfen nur neue Schutzdämme, Einschränkungen, Selbstkontrollen, Kasteiungen. Ein Jungfrau-Charakter würde deshalb auch möglichst im voraus allen Anfechtungen aus dem Wege gehen. Dadurch gerät er natürlich in Gefahr, sich in wachsendem Maße zu isolieren, in Minderwertigkeitsgefühle zu verfallen und sich der menschlichen Gesellschaft zu entziehen. Wenn dazu noch Saturn seinen negativen Einfluß geltend mache, arteten die kritisch-analytischen Fähigkeiten der »Jungfrauen« leicht in Spitzfindigkeit und Haarspalterei, Nörgelsucht und Pedanterie, Skeptizismus und Nihilismus aus. Herrschten dagegen Mars und Pluto vor, wären die von ihren schädlichen Strahlen getroffenen »Jungfrauen« häufig sehr reizbar, aggressiv, rebellisch, eigensinnig, grausam und unberechenbar. Das könnte sich gänzlich unerwartet und schlagartig äußern und die ungeschriebenen Gesetze von Sitte und Anstand völlig über den Haufen werfen. Meist hielten sich die »Jungfern-Grillen«

aber doch in Grenzen. Auch im Verhältnis zum Geld verrate sich das mitunter widersprüchliche Jungfrau-Wesen. Sparsamkeit, kluges Haushalten und Sicherheitsstreben schlügen dann plötzlich in Verschwendungssucht um.

Im Zeichen der Jungfrau Geborene hält man für aufmerksame und scharfe Beobachter. Sie glauben nur an das, was sie selbst sehen oder erfahren. Ihr Denken ist auf Nützlichkeit, Zweckmäßigkeit und Logik ausgerichtet – betonen die Astrologen. Jungfrau-Typen würden akademische Berufe vorziehen, aber zugleich gute Techniker, Facharbeiter und Handwerker sein. Der Beruf stünde bei ihnen überhaupt im Vordergrund. Deshalb sind sie in ihren Tätigkeiten angeblich besonders eifrig und gewissenhaft, anspruchsvoll und streng, doch korrekt und gerecht gegenüber ihren Mitarbeitern. Wegen ihrer meist übertriebenen Zurückhaltung in persönlichen Belangen erreichen sie allerdings nicht die Positionen, die ihrer Tüchtigkeit und ihren Fähigkeiten angemessen wären.

Frauen und Männer des Jungfrau-Zeichens kleiden sich, wie es die Mode verlangt. Dabei vermeiden sie alles Auffällige und Anstößige. Sie wollen stets als gepflegte Erscheinungen auftreten und nicht gegen den guten Geschmack verstoßen.

Der bezwingenden Macht der Liebe stehen Jungfrau-Typen im allgemeinen kühl und reserviert gegenüber. Eine Vernunft- oder Interessenheirat scheint ihnen daher oft am sinnvollsten, oder sie willigen gar nicht erst in eine Ehe ein. Häufig fällt es ihnen schwer, ihren Liebesgefühlen überhaupt Ausdruck zu verleihen und mit Hilfe Amors von sich aus die Initiative zu ergreifen. Ein männlicher Jungfrau-Charakter ist gewöhnlich freundschaftlich und rührend um seine Gattin bemüht, aber die glühende, verzehrende Liebe kennt er normalerweise nicht. Als zurückhaltend, schüchtern und scheu gelten ebenfalls die weiblichen Jungfrau-Typen, die man für sittenstrenge, pflichtbewußte und verantwortungsvolle Ehe- und Hausfrauen hält. Unter ungünstigen Aspekten schlagen jedoch manchmal sogar disziplinierte »Jungfrauen« über die Stränge und stellen rigoros ihre Ehe in Frage.

Auf Grund der selbst auferlegten Zwänge laborierten

Jungfrau-Menschen an nervösen Beschwerden und Darmstörungen. In richtiger Erkenntnis der Wurzeln ihrer Leiden wüßten sie aber mit solchen Anfälligkeiten durchaus fertig zu werden. Von Gestalt wären sie schlank oder mager, besäßen eine erdfarbene Haut, ein scharf gezeichnetes, faltenreiches Gesicht und nicht selten tiefliegende Augen. Mitunter bewegten sie sich etwas steif und linkisch und hätten, bei dominierendem Saturn-Einfluß, ärgerliche Sprachhemmungen. Zu fragen, ob man eine Jungfrau vor sich habe, kann unter Umständen zu peinlichen Mißverständnissen führen.

Waage ♎︎
23. September – 22. Oktober

>»Auf des Glückes großer Waage
>Steht die Zunge selten ein.«
>   *Goethe*

Wenn die Sonne am 21. März und am 23. September auf ihrer scheinbaren Jahresbahn den Himmelsäquator überquert, sind Tag und Nacht im Gleichgewicht. Um diesen Zustand bildlich zu manifestieren, hat man vor über zweitausend Jahren eine Waage in die Sterngruppierungen nahe des Herbstpunktes der Ekliptik »hineingesehen«. (Abb. 28. Ursprünglich gehörte dieser Bereich zu den Scheren des Skorpions.) Heute befindet sich der Herbstpunkt infolge der schon erwähnten Präzession im Sternbild Jungfrau. Für die Astrologen liegt er aber weiterhin im Waage-Zeichen, das durch zwei horizontale Parallelstriche symbolisiert wird, von denen sich der obere in der Mitte zu einem Halbkreis wölbt.

Im Frühlingszeichen Widder, unter dem die Natur zu neuem Leben erwacht, steht die Sonne in ihrer Erhöhung oder Stärke, im Herbstzeichen Waage dagegen, das Welken und Vergehen der Vegetation einleitet, in ihrer Erniedrigung oder Schwäche. Waage-Menschen müßten daher nach astrologischer Lehre im Vergleich mit Widder-Typen vielfach konträre Eigenschaften aufweisen. Dazu käme noch, daß Mars, der im Widder-Zeichen sein Nachthaus besitzt, das Waage-Zeichen nur als Exil nutzen könne und hier deshalb wenig Einflußmöglichkeiten habe. Die Venus mit ihrem Waage-Taghaus und der in der Waage erhöhte Saturn hätten dafür wesentlich größere Auswirkungen. Und dann wäre noch zu berücksichtigen, daß die Waage als ein männlich-aktives, luftiges und bewegliches Zeichen mit sanguinischem,

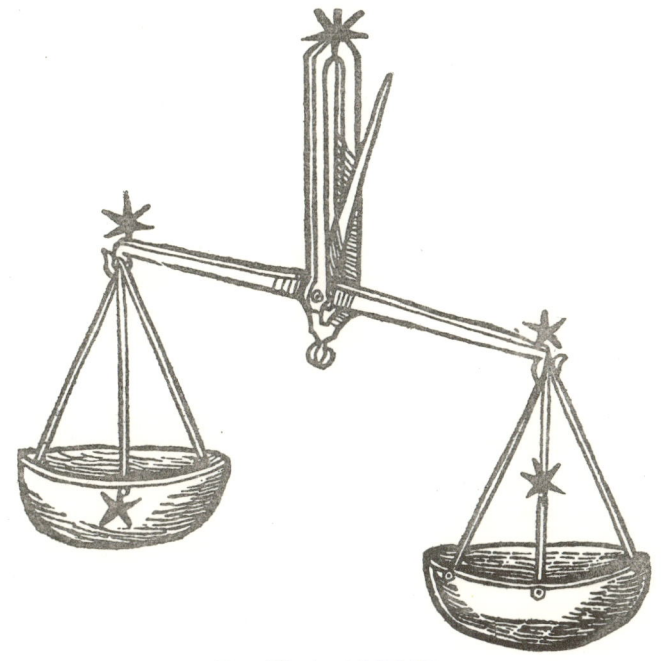

28 Das Tierkreisbild Waage

das heißt blutreichem, lebhaftem, reizbarem Temperament gilt. Dieses und anderes ist von den Sterndeutern zu kombinieren, auszugleichen, abzuwägen und schließlich als sorgsam gemixtes Horoskop-Gebräu dem Publikum glaubhaft zu servieren.

Wie schon der Name vermuten läßt, sind die vermeintlichen Waage-Menschen abwägend und um Ausgleich und Ausgewogenheit bemüht. Sie wollen es am liebsten allen recht machen, Spannungen und Auseinandersetzungen vermeiden, zwischen Gegensätzen vermitteln und für Harmonie sorgen. In der Tat gelingt es ihnen oft, Mißstimmungen zu bereinigen, Zorneswogen zu besänftigen, Frieden zu stiften. Ihre wohltuenden Vorzüge können sich aber auch leicht

in fatale Schwächen verwandeln, wenn sie nicht genügend
Willensstärke aufbringen, den eigenen Standpunkt allzu
lasch vertreten, notwendigen Auseinandersetzungen aus
dem Wege gehen und dafür lieber kaum vertretbare Kon-
zessionen machen oder faule Kompromisse schließen. Anders
als die Widder-Typen sind sie eben keine Kämpfernaturen.
Es fällt ihnen meist schwer, konsequent »nein« zu sagen und
ihre eigenen Interessen zu wahren. Sie zaudern und zögern,
bevor sie eine Wahl oder eine Entscheidung treffen. Kunst-
liebend und schönheitssinnig, hängen sie angeblich mehr an
der Welt des Geistes als an der des Besitzes. Geld interessiert sie daher nicht besonders, obwohl sie sehr darauf achten, daß sich Einnahmen und Ausgaben die Waage halten.

Die in diesem Zeichen Geborenen verfügen, wie die
Astrologen behaupten, über einen regen und wachen Verstand. Da sie alles erst sorgfältig durchdenken und nüchtern
erwägen, vermögen sie sachlich und objektiv zu urteilen. Fa-
natismus und Dogmatismus sind ihnen wesensfremd. Bei
der Berufswahl benötigen sie freilich mitunter verständnis-
volle Beratung und Hilfe. Wer möglichst alle Faktoren in
seine Überlegungen einzubeziehen versucht, verfängt sich ja
leicht im Wenn und Aber und sieht schließlich den Wald
vor lauter Bäumen nicht mehr. Eine Tätigkeit, die viele
Kontakte und vor allem den Umgang mit anderen Menschen einschließt, wird den Waage-Typen am besten gefallen. Die Arbeitszeit nutzen sie sinnvoll und ökonomisch aus,
denn sie schätzen ihre Leistungsfähigkeit richtig ein und ver-
breiten eine Atmosphäre der Ruhe und Stetigkeit.

Es wäre wohl seltsam und unnatürlich, wenn Waage-
Frauen in ihrer Kleidung nicht auf schöne, harmonische Farben, Linien, Formen größten Wert legten. Als elegante
Frauen bevorzugen sie diskrete Parfums und eine Frisur, die
ihre langen, welligen Haare vorteilhaft zur Geltung bringt.
Der Waage-Mann kleidet sich nicht weniger sorgfältig,
manchmal aber mit einer etwas weiblichen und leicht snobi-
stischen Note.

Verständlicherweise streben gerade Waage-Menschen
nach einer spannungsfreien, ausgeglichenen, erfüllten,
glücklichen Ehe. Von ihrem Partner erwarten sie keine lei-
denschaftlich-schwärmerische Verehrung oder starke sexu-

elle Potenzen, sondern Verständnis, Zuneigung und Zärtlichkeit. Ein Waage-Mann stellt ja auch nicht seine Männ-
lichkeit in den Vordergrund, er wirbt mehr durch liebevolle
Anpassung und Fürsorge und bezieht seine Frau in die eigenen Interessen, Wünsche, Pläne und Erfolge mit ein. Das
gilt für die Waage-Frau in gleichem Maße. Am liebsten
möchte sie ganz in ihrem Mann aufgehen, sich seinen Belangen unterordnen und hinter ihm zurücktreten.

»Unverfälschte« Waage-Typen wären lebensfroh, doch
sehr von ihrem eigenen inneren Gleichgewicht und von einer ihnen genehmen Umgebung abhängig. Bei Störungen
könnten sie leicht nervös werden; Erregungszustände aller
Art würden sie sehr belasten. Unter den zarten, schlanken,
fast aristokratischen, sich zuweilen beschwingt, ja tänzerisch
bewegenden Waage-Gestalten fielen die Frauen häufig
durch ihr liebenswürdig-heiteres Gesicht und seine regelmäßigen Züge, durch ihre schöne Figur und ihre glatte, helle
Haut auf. Wer Mannequin werden möchte und im Zeichen
der Waage geboren ist, hätte da also gute Chancen.

Skorpion ♏
23. Oktober – 21. November

Flucht ist manchmal der bessere Teil der Tapferkeit. Aber
sie gelingt nicht immer. Als sich der wilde Jäger Orion frevelhaft an der jungfräulichen Jagdgöttin Artemis vergrei-
fen wollte, hetzte sie einen großen Skorpion auf ihn, vor
dem er entsetzt davonrannte – vergebens. Der Skorpion
holte Orion ein und tötete ihn mit seinem Giftstachel. Zum
Gedenken an dieses Geschehen leuchtet der Skorpion nun als
Sternbild am Himmel (Abb. 29), wie übrigens Orion auch,
der hier jedoch mit Schild und erhobener Keule dem zorn-
funkelnden Stier entgegentritt. Dem Skorpion weicht er weiterhin aus: Beide sind nie gleichzeitig zu sehen.

Auch den Astrologen ist der Skorpion nicht ganz geheuer.
Während die Sonne im Zeichen des Stiers das junge Grün
hervortreibt, geht unter ihren matten Strahlen im gegen-
überliegenden Skorpion-Zeichen alles pflanzliche Wachstum
zur Ruhe. Kälte, Feuchtigkeit und Fäulnis, Dunkelheit und
Todesahnung breiten sich aus. Der grimmige Planeten- und

Kriegsgott Mars hat im Skorpion sein Taghaus zugeteilt erhalten, und sogar Pluto, der Planet des finsteren Unterweltsfürsten, soll mit in diesem Zeichen wohnen. Dagegen steht der belebende Mond im Skorpion in seiner Erniedri-

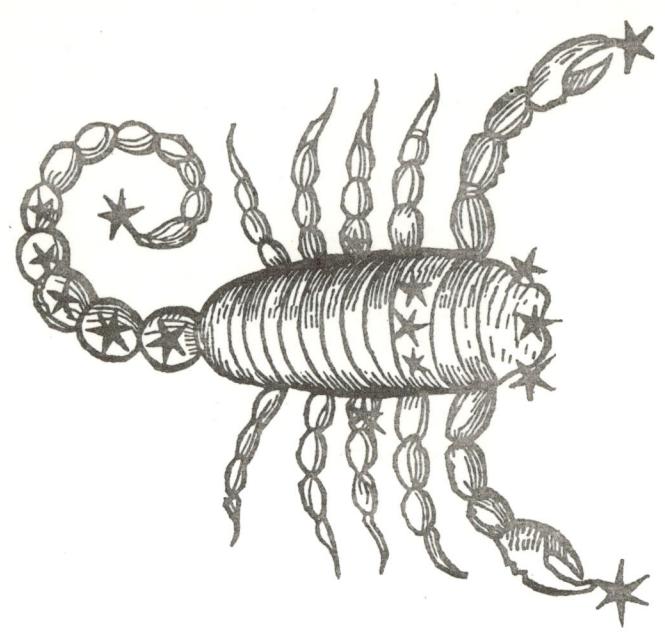

29 Das Tierkreisbild Skorpion

gung und Venus als Planet der Liebes- und Schönheitsgöttin in ihrem Exil. Das scheint nichts Gutes für Skorpion-Menschen anzudeuten. Ihr Zeichen, durch ein m symbolisiert, dessen letzter, verlängerter Strich mit einem Häkchen endet, gilt als weiblich-passiv, wäßrig, fest und phlegmatisch.

Den Astrologen zufolge sollen »Skorpione« recht zwiespältige Naturen sein, die ihre innere Zerrissenheit, ihre qualvollen Kämpfe mit sich selbst hinter scheinbarer Kühle und stoischem Gleichmut verbergen. Gegensätze, mit denen sie ständig zu ringen hätten, wären etwa: starke Triebhaftigkeit und Sinnenfreude – Abkehr vom Materiellen und Streben nach höchsten Idealen; brennende Lebensgier – verlockende Gedanken an Selbstmord; Furchtlosigkeit selbst vor dem Tod – Angst, Kleinmut und Minderwertigkeitsgefühle;

leidenschaftliche erotische Erregung – schrankenlose Aggressivität und Zerstörungswut. Solche Spannungen sind natürlich nur schwer zu ertragen. Kein Wunder also, wenn sie sich gelegentlich wie Blitze entladen. Mitunter würden Hemmungen und Ausbrüche in einem gewissen Rhythmus wechseln. Wenn jedoch Saturn vorherrsche, könnten die bändigenden Kräfte überwiegen und für Zucht und Ordnung sorgen. Die betreffenden Skorpion-Typen glichen dann mehr den disziplinierten Jungfrau-Menschen.

»Skorpione« sind angeblich immer ausgesprochene Individualisten, oft rebellisch und voller Widerspruchsgeist, argwöhnisch und verschlossen. Guten Rat schlagen sie häufig in den Wind. Auf Zwänge aller Art reagieren sie allergisch; statt dessen pochen sie auf die eigenen Rechte und Ansprüche. Unter ungünstigen Aspekten setzen sie sich selbstherrlich über die allgemein anerkannten Sitten und Normen hinweg. Hindernisse steigern meist nur ihren Tatwillen und ihr Durchsetzungsvermögen. Im allgemeinen gelten sie als scharfsinnig und gescheit, als Grübler und Forscher, die den Dingen auf den Grund gehen wollen. Andererseits macht sich bei ihnen manchmal ein merkwürdiger Hang zum Aberglauben, zum Okkulten und zur Magie bemerkbar. Zwiespältig wäre auch ihre Haltung zu Hab und Gut: Nicht selten schwankten sie zwischen Sparsamkeit und Verschwendung, Verachtung des Geldes und raffgieriger Habsucht.

Disharmonie ist demnach der Grundzug ihres Wesens. Von einem bestimmten Beruf fühlen sie sich entweder unwiderstehlich angezogen, weil sie ihn als Berufung empfinden, oder sie vermögen sich nicht für eine Tätigkeit zu entscheiden beziehungsweise stürzen von einer Berufskrise in die andere. Am liebsten sollen sie Tätigkeiten ausüben, die mit Gefahren und Risiken verbunden und für Aggressionen nicht allzu hinderlich sind. Dann spannen sie sich mächtig in die Sielen, streben nach Verantwortung, erweisen sich als zuverlässig. Sind sie jedoch mit einer Arbeit unzufrieden, begehren sie schnell auf, schüren Konflikte, verhalten sich anmaßend, tun, was ihnen gefällt und machen ihren Vorgesetzten das Leben sauer.

Mit ihrer Kleidung möchte eine Skorpion-Frau meist auffallen und aufreizen. Sie liebt dabei dunkle oder gelblichrötliche Farben und den dazu passenden Schmuck. Ein Skorpion-Mann kleidet sich in der Regel sehr elegant, oder er kümmert sich überhaupt nicht um ein gepflegtes Äußere und erregt so Anstoß. In der Liebe werden die »Skorpione« oft zwischen Erfüllung und Begierde, Glück und Qual hin- und hergerissen, wobei gewöhnlich die Sinnlichkeit eine außerordentliche Rolle spielt. Der Mann bemüht sich, seine Frau auf sexuellem Gebiet völlig gefügig zu machen. Das versucht die Skorpion-Frau gegenüber ihrem Mann auch. Die Folge wäre entweder sadistische Vorherrschaft des einen oder masochistische Unterwerfung des anderen.

Gesundheitlich steht es mit Skorpion-Menschen angeblich nicht zum besten. Dennoch erfreuten sie sich großer Zähigkeit und eines langen Lebens. Typische Vertreter ihres Zeichens hätten eine Raubvogelnase, einen stählernen, hypnotischen Blick, ein zerquältes, doch ausdrucksvolles Gesicht und einen zupackenden Händedruck. Die Stimme der Männer klänge rauh und hart, die der Frauen spröde und herb. Ihre Gestik wäre nervös und heftig. Bei »Skorpionen« solle man insgesamt vorsichtig sein: Ihr Giftstachel droht!

Schütze ♐
22. November – 20. Dezember

So ist das oft im Leben: Man zielt auf den Richtigen und trifft den Falschen. Diese traurige Erfahrung mußte auch Herakles machen. Er verfolgte eine Rotte von Kentauren, Mischwesen mit Pferdeleib und menschlichem Oberkörper, die auf einer Hochzeit die anwesenden Frauen vergewaltigt hatten, und beschoß sie mit seinen Pfeilen. Aber aus Versehen traf er seinen Freund, den gütigen, gerechten, weisen Kentauren Cheiron, den Erfinder der Heilkunst. Die Pfeile hatte Herakles in das giftige Blut der Hydra, der Wasserschlange, getaucht, und deshalb litt der unsterbliche Cheiron fürchterliche Qualen. Schließlich erbarmte sich Zeus, indem er ihn sterben ließ und in ein Sternbild am Himmel verwandelte, wo er mit Pfeil und Bogen zu sehen ist (Abb. 30).

Das Schütze-Symbol besteht aus einem nach rechts oben gerichteten Pfeil mit einem Querstrich in der unteren Hälfte. Im männlich-aktiven, feurigen, veränderlichen und cholerischen Schütze-Zeichen befindet sich das Taghaus des Jupiter. Da die Kentauren abenteuerlustige Gesellen waren, die sich meist herumtrieben, leuchtet es wohl ein, daß sich die Schütze-Menschen ebenfalls nicht auf die faule Haut legen.

30 Das Tierkreisbild Schütze

Es drängt sie in die Ferne, zu noch unbekannten Ufern. Grenzen setzen und einengen lassen wollen sie sich nicht. Überall fühlen sie sich schnell heimisch und passen sich rasch den jeweiligen Verhältnissen an.

Schütze-Typen sind nach dem Mythos eigentlich Doppelwesen, in denen sich das Tierisch-Triebhafte mit dem Geistig-Menschlichen meist glücklich miteinander verbindet. Freilich käme es sehr darauf an, fabulieren die Astrologen, ob im Horoskop eines »Schützen« mehr Mond, Venus, Jupiter und Neptun oder Sonne, Mars, Saturn und Uranus vorherrschen. Im ersten Falle ergäbe das gewöhnlich einen freundlichen, mit seiner Umwelt in Eintracht befindlichen, im zweiten Falle häufig einen widerspenstigen, rebellischen Menschen.

Der harmonische Typ lebt mit sich und den anderen in Frieden. Er vermag sich ja Sitten, Gebräuchen und Gesetzen gut unterzuordnen. Sein heiteres, fröhliches, geselliges, optimistisches Naturell macht ihn allgemein beliebt. Man schätzt ihn als wohlwollenden, verständnisvollen und ritterlichen Charakter. Bei dem rebellischen Typ ist vieles gerade umgekehrt. Sein kaum zu zügelndes Streben nach Unabhängigkeit und Freiheit verführt ihn leicht zu unbesonnenen Handlungen und erregt dann Anstoß, Ärger und Aufsehen. Mit abgegriffenen Gemeinplätzen gibt er sich nicht zufrieden, er stellt neue, eigene Forderungen und spürt kühn der Wahrheit nach. Sportliches Kräftemessen und abenteuerliche Reisen locken ihn ebenso wie Wagnisse und Gefahren. Obwohl diese beiden Schütze-Typen recht unterschiedlich sind, könnten sie sich doch in einer Person organisch vereinen.

Zu Geld und Gut wäre das Verhalten der »Schützen« gleichfalls zwiespältig: Entweder ziemlich gleichgültig, weil sie zufrieden sind mit dem, was sie haben, und mehr von geistigen Werten halten, oder entschieden besitzstrebend, da sie einen hohen Lebensstandard schätzen und ihren Komfort ausgiebig genießen möchten.

In ihrem Beruf benötigen die »Schützen« viel Freiraum und ungehinderte Entfaltungsmöglichkeiten. Er muß mit Bewegung und physischer Ausarbeitung verbunden sein, aber auch ihrer Phantasie und ihrem Bemühen um Vervollkommnung der eigenen Persönlichkeit entsprechen. Wenn ihre Tätigkeit noch dazu abwechslungsreich, vielseitig und kompliziert ist, sind sie stets mit Eifer und Fleiß bei der Sache. In anregender Gesellschaft arbeiten sie besonders gern und produktiv.

Was die Kleidung angeht, neigen ausgeglichene Schütze-Frauen zur geschmackvollen Mode, die zugleich Schönheit und vornehme Distanz betont. Disharmonische Frauen-Typen lassen dagegen ihrer Phantasie die Zügel schießen, kehren ihre sportliche Seite hervor oder vernachlässigen gar ihr Äußeres. Solche Verhaltensweisen gelten ebenso für die männlichen Schützen. Unter starkem Jupiter-Einfluß tragen sie bei jeder Gelegenheit stolz ihre Orden und Ehrenzeichen zur Schau.

Nach Meinung der Astrologen erlebten Schütze-Menschen

die Liebe ebenfalls ganz verschieden. Meist äußere sie sich bei ihnen als wohltemperierte Leidenschaft voll innerer, verhaltener Glut. Andere »Schützen«, bei denen das Verlangen nach Abenteuer, Wagnis und Freiheit stärker ausgeprägt ist, wollen das ebenso in ihren Liebesbeziehungen verwirklichen. Gewöhnlich ist der Schütze-Mann jedoch ein aufmerksamer, besorgter, zärtlicher Familienvater, der sich mit Frau und Kindern seine eigene Welt schafft, in der er sich freilich nicht allzu eingeengt fühlen darf. Selbst wenn er einmal vom Ehepfade abweicht, kehrt er doch immer wieder zu Weib und Kind zurück. Eine Schütze-Frau verhält sich angeblich kaum anders. Sie schätzt einen Gatten, der angesehen und geachtet ist, ihr ein gepflegtes Heim mit vielen Annehmlichkeiten zu bieten vermag und ihre Selbständigkeit nicht zu stark einschränkt. Ist sie besonders emanzipiert und unabhängig, genießt sie die Liebe nur als spannende, prickelnde Abwechslung.

»Schützen« erfreuten sich einer robusten Gesundheit. Allerdings muteten sie sich häufig zu viel zu und gönnten sich zu wenig Ruhe. Mitunter würden sie von Hüftschmerzen, Kreislaufstörungen, Drüsenschwellungen und Hautausschlägen geplagt. »Unverfälschte« Schütze-Typen ließen mit ihrem langen, schmalen Gesicht, ihrer hohen Stirn und ihrer kräftigen, vorstehenden Nase eine gewisse Pferdeähnlichkeit erkennen. Sie bewegten sich leichtfüßig und behende, sportlich und ungezwungen. Ihre Stimme sei sympathisch, warm und melodisch, ihr Händedruck herzlich und fest. Sie hüteten sich jedoch sehr, ihre scheinbare Verwandtschaft mit den Kentauren durch flotten Galopp zu verraten.

Steinbock ♑
21. Dezember – 19. Januar

Eigentlich stellt das Sternbild Steinbock gar keinen Steinbock dar (Abb. 31). Schon vor über dreitausend Jahren haben die Babylonier sein merkwürdiges Bild (ebenso wie das des Schützen) auf Grenzsteinen angebracht, wohl als Schwurzeugen für Grenzverträge, die er überwachen sollte. Als seltsames Mischwesen erscheint er da: ein Ziegenbock mit Fischschwanz. Erstaunlicherweise ist er in dieser Gestalt über

Jahrtausende hinweg überliefert worden. Das astrologische Symbol des Steinbocks deutet sie ebenfalls an.

In seinem Zeichen erreicht die Sonne ihre tiefste Stellung unterhalb der Ekliptik; der Winter beginnt. Was ihn aus-

31 Das Tierkreisbild Steinbock

zeichnet: Kälte, Ruhe, Erstarrung, Wachstumsstopp, Dunkelheit, würde sich auf die im Steinbock Geborenen auswirken. Der rasch veränderliche, belebende, anregende Mond befindet sich hier im Exil und damit in einer ebenso schwachen Position wie der freundlich heitere Jupiter, der im Steinbock erniedrigt ist. Dagegen gilt Mars, der streitbare Planetengott, in diesem Zeichen als erhöht, während der kalte, griesgrämige Saturn in ihm sein einflußreiches Taghaus besitzt. Außerdem soll das weiblich-passive, irdische und bewegliche Kardinalzeichen Steinbock melancholischen Temperaments sein. Aus all dem ergeben sich scheinbar eine

Menge Anhaltspunkte für phantasievolle astrologische Spekulationen.

Ein Steinbock-Typ tritt uns demnach als ein kühler, distanzierter, sehr verschlossener Charakter entgegen, dessen seelische Tiefe kaum auszuloten ist. Er scheint ohne Gefühle und Leidenschaften zu sein; Wärme und Herzlichkeit läßt er gänzlich vermissen. Deshalb hat er auch wenig persönliche Ausstrahlungskraft. In seiner spröden Zurückhaltung wirkt er gelassen und bedächtig, mitunter sogar träge, schwerfällig und apathisch. Seine schweigsame Verstocktheit erweckt dann den Eindruck, daß er sich tief vereinsamt fühlt und in Pessimismus und Melancholie verharrt. Spinnen wir diesen Faden weiter, dürfen wir ihm wohl nur geringe innere Antriebe, dafür aber Schlichtheit und Beständigkeit, Strenge und Härte gegen sich und andere, Nüchternheit und Kaltblütigkeit, Geduld und Umsicht zutrauen. Ein solcher Mensch ändert seine Lebensgewohnheiten offensichtlich nur selten. Er kann sicher längere Zeit Entbehrungen ertragen und wird mit seinem Geld sparsam oder vielleicht geizig umgehen. Als ein Spieler, der das Risiko wagt, oder als Prasser und Schlemmer, der sein Vermögen verschleudert, ist er jedenfalls nicht recht vorstellbar.

Die Sterndeuter schreiben den »Steinböcken« die Fähigkeit zur unparteiischen, objektiven Beobachtung und Urteilsfindung zu. Wegen ihres Strebens nach Genauigkeit und Exaktheit und ihrer Neigung zum abstrakten Denken seien sie besonders für die Lösung technischer, mathematischer und philosophischer Probleme geeignet. Für ihren Beruf entschieden sie sich meist schon zeitig. Zahlreiche Möglichkeiten zu einer sinnvollen Tätigkeit böten sich ihnen an. Denn in Ausdauer und Fleiß, Pünktlichkeit und Stetigkeit, Pflichterfüllung und Verantwortungsbewußtsein ließen sie sich gewöhnlich nicht übertreffen. Gerade schwierige Aufgaben spornten sie besonders an. Allerdings arbeiteten sie am liebsten für sich allein; um etwas leisten zu können, brauchten sie Ruhe, Abgeschiedenheit und Stille. Häufig erwiesen sie sich als fast unentbehrlich.

Menschen mit derartigen Wesenszügen und Eigenschaften tragen in der Regel eine schlichte, zweckmäßige Kleidung. Weder Frauen noch Männer legen dabei großen Wert auf ihr Äußeres oder greifen gar wegen einer modisch-eleganten Aufmachung tief in die Tasche. Auch in der Liebe zeigen sie sich reserviert und temperamentlos. Es fällt ihnen angeblich nicht schwer, allein zu leben. Am ehesten sind sie mit einer Interessen- oder Vernunftheirat einverstanden. Manchmal soll der Steinbock-Mann direkt ein Weiberfeind sein oder vor Frauen Angst empfinden. Er gilt nicht nur als schüchtern und linkisch, sondern auch als schamhaft und sittenstreng. Nicht selten findet er bei reifen, älteren Frauen ein spätes Glück. Dann bewährt er sich als seriöser, treuer Ehemann. Eine Steinbock-Frau unterdrückt häufig die natürliche Sinnlichkeit und wird schließlich, unter vermeintlichem Saturneinfluß, zur trockenen, verbitterten Jungfer. Oft führt sie jedoch ein ganz eigenständiges Leben, in dem der Beruf im Mittelpunkt steht.

Während die Steinbock-Frauen normalerweise sehr auf ihre Gesundheit und ihren Körper achten, kümmern sich die entsprechenden Männer nach astrologischer Ansicht kaum darum. Sie wissen, daß sie aus festem Holz geschnitzt und belastungsfähig sind. Gegen Feuchtigkeit und Kälte seien sie aber sehr anfällig. Typische »Steinböcke« hätten eine knochige, magere Gestalt sowie ein faltiges Gesicht mit schmalen Nasenflügeln und dünnen Lippen. Ohne Hast schritten sie dahin, mitunter etwas plump in ihrem Auftreten, dem Leichtigkeit und Eleganz mangeln. Wenn man sie mit ruhiger Stimme langsam und besonnen reden hört, erinnern sie eigentlich gar nicht an kühn über die Felsen springende Steinböcke oder an den exotischen Ziegenfisch, der ja der Ursprung ihres Zeichens ist.

Wassermann ♒
20. Januar – 18. Februar

» Ja, es hat schon seinen Sinn,
Daß ich Wasserträger bin.
Ohne Wasser, merkt euch das,
Wär' uns're Welt ein leeres Faß«,

heißt es in einem Lied aus der Operette »Freier Wind« des ukrainischen Komponisten Isaac Dunajewski. Am Himmel gibt es auch einen Wasserträger: den Wassermann (Abb.

32). Er gießt Wasser auf die Erde, damit sie kein »leeres Faß« wird, sondern alles Leben wachsen und gedeihen läßt.

Die Babylonier haben den Wassermann schon früh auf dem scheinbaren jährlichen Sonnenwege angesiedelt und

32 Das Tierkreisbild Wassermann

sein Relief, wie das des Steinbocks und Schützen, auf Grenzsteinen herausgemeißelt. Von den Babyloniern kam sein Bild zu den Ägyptern, die ihn mit dem segenspendenden Nilgott verglichen. Symbol des männlich-aktiven Wassermann-Zeichens sind zwei parallele Wellenlinien – Sinnbilder für Gewässer aller Art.

Im Zeichen des Wassermanns steht die Sonne im Exil, also ihrem Taghaus im Löwen diametral gegenüber. Der Wassermann selbst gilt als Nachthaus des Saturn und neuerdings als Domizil des Uranus. Trotz des feuchten und beweglichen Elements, mit dem der Wassermann zu tun hat, zählen ihn die Astrologen zu den luftigen und festen Zeichen und zum sanguinischen Temperament. Aber vermutlich nehmen die Sterndeuter das alles gar nicht so ernst und wörtlich. Wie wir bereits erwähnten, leben wir nun angeblich im Zeitalter des Wassermanns oder wechseln gerade in die von ihm vermeintlich regierte »Weltperiode« hinüber.

Haben die im Wassermann Geborenen etwas mit dem Wasser gemein? Die astrologische Spekulation bejaht das offensichtlich. »Wassermänner« würden im übertragenen Sinne transparent, also durchscheinend sein (gewissermaßen wie Wasser), sich in ihrer Persönlichkeit jedoch ins schwer Definierbare auflösen (vielleicht wie Suppenwürfel?). Gefühle und Leidenschaften berührten sie zwar (wie der Wind die Wasserfläche), wühlten sie aber nicht in ihrer Tiefe auf. Infolgedessen erfreuten sie sich meist innerer Heiterkeit und Harmonie, obwohl sie im Grunde ihres Wesens unsicher und ängstlich wären. Sie hielten Distanz zu ihren Trieben und sich selbst und beobachteten und analysierten sich fast wie einen Fremden. Im allgemeinen liebten sie Geselligkeit und einen großen Freundeskreis. Doch da die Sonne in ihrem Zeichen nur ein Exilrecht und keinen starken Einfluß besäße, hätten sie häufig keinen festen Willen und keinen eigenen, klaren Standpunkt. Statt dessen wollten sie allen gefallen, es allen recht machen und bei allen beliebt sein. Man könne sie deshalb öfters tüchtig ausnutzen. Unter ausgeprägtem Saturn-Aspekt strebten sie hohen Ideen und Idealen oder sogar weltfernen Utopien nach. Bei aller Durchsichtigkeit und Selbstentäußerung würden sie dennoch originell sein, ihre geistige Unabhängigkeit behaupten und sich gegen Vorurteile und Zwänge wenden. Immer wieder stellten sie sich als Reformer und Neuerer an die Spitze technischer und gesellschaftlicher Entwicklungen. Um Geld zu scheffeln und ein Vermögen anzulegen, wären sie zu uneigennützig und großzügig.

In ihrem Beruf möchten »Wassermänner« viel bewirken und Nützliches leisten (wie das Wasser, das Lasten trägt und befördert oder Mühlen und Turbinen antreibt). Für bürokratische Verwaltungstätigkeit hätten sie nichts übrig. Gern zögen sie mit anderen zusammen an einem Strang, bewahrten dabei jedoch ihre Eigenständigkeit. Im allgemeinen arbeiteten sie pünktlich, gewissenhaft, verantwortungsbewußt und rationell. Mitunter gelängen ihnen bemerkenswerte Entdeckungen und Erfindungen. Sobald es um Neuerungen ginge, wollten sie mit an der Spitze stehen, ohne Gefahren und Risiken zu scheuen.

Je nachdem, ob nach Ansicht der Astrologen Saturn oder Uranus stärker auf die Wassermann-Menschen einwirkt, kleiden sich diese entweder schlicht und unauffällig oder originell, extravagant und spleenig. Auch in der Liebe sollen die betreffenden Männer und Frauen viel Gemeinsames haben. Einerseits würden sie ihre Angebeteten zu sehr romantisieren und verklären, andererseits wäre eine feste Bindung für sie meist eine Qual. Eher schätzten sie ein freies Liebesverhältnis oder eine auf Freundschaft und Kameradschaft gegründete Ehe, die beiden Partnern ihren Spielraum läßt. Männliche Wassermann-Vertreter gelten nicht als Frauenhelden. Ihnen liegt angeblich mehr am Vertrauen ihrer Frau und an dem Bemühen, gemeinsam Probleme zu lösen. Allerdings können sie ihre Frau oft durch unerwartete Wünsche, Anliegen und Vorschläge verblüffen oder schokkieren. Weibliche »Wassermänner« möchten ebenfalls gern unabhängig und emanzipiert sein, einen Mann aber auch als Idol und Helden verehren, ihn fördern und unterstützen.

Bedenkliches gäbe es, wie die Astrologen meinen, über die Gesundheit von Wassermann-Typen zu berichten. Sie wäre nämlich durch ein unstetes Verhalten gefährdet, das jäh zwischen Mäßigkeit im Essen und ungezügelter Genußsucht, zwischen entspannter Ruhe und nerventötender Hektik hin- und herschwanke. Wassermann-Beeinflußte würden auf neue Heilverfahren schwören und vorschnell vermeintliche Wundermittel preisen, statt die erprobten Rezepte eines erfahrenen Arztes zu befolgen. Ihre Konstitution wäre häufig feingliedrig, schwächlich und zerbrechlich, ihre Haut fast durchsichtig. Unter Saturn-Herrschaft bewegten sie sich normal und ohne Auffälligkeiten, unter Uranus-Wirkung mache sich jedoch irgendeine Besonderheit bemerkbar. Ihre leise Stimme gewänne sicher an Kraft und Selbstbewußtsein, wenn sie sich täglich den abgewandelten Liedvers ins Bewußtsein rückten:

Ja, es hat schon seinen Sinn,
Daß ich ein waschechter Wassermann bin.

Fische ♓
19. Februar – 20. März

Bei dem Wort »Fisch« fallen uns unwillkürlich verschiedene
Sprichwörter ein: »Munter wie ein Fisch im Wasser.« »Weder Fisch noch Fleisch.« »Der Gast und der Fisch stinken am
dritten Tag.« An den Fischen selbst hatte der Homo sapiens

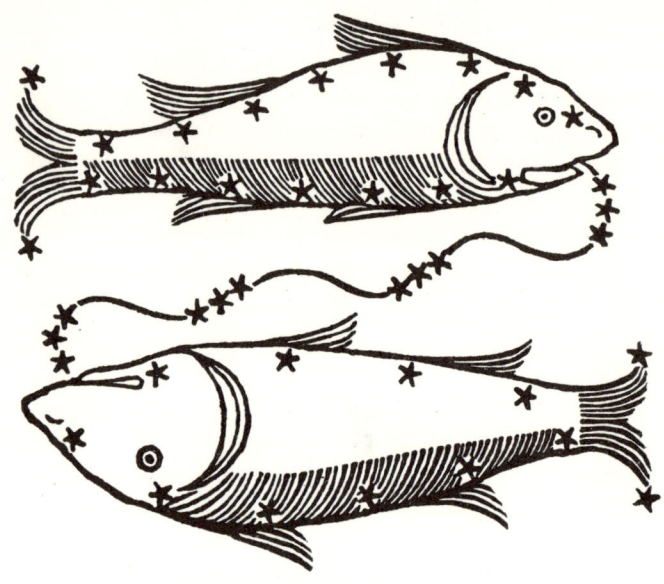

33 Das Tierkreisbild Fische

seit uralten Zeiten ein doppeltes Interesse: ein materielles
– für seine Speisekarte, und ein ideelles – für seine kulti-
schen Praktiken und Vorstellungen. Daß wir die Fische auch
als Sternbild schon bei den Babyloniern finden, braucht uns
deshalb nicht zu verwundern. Am Himmel sollen zwei Fische in entgegengesetzter Richtung schwimmen, durch ein
Band von Maul zu Maul miteinander verbunden (Abb. 33).
Ihr astrologisches Symbol besteht aus zwei senkrecht stehenden, in der Mitte durch einen Querstrich zusammenge-
haltenen Bögen – Abstrahierungen der Fischkörper und des
Bandes.

Im astronomischen Tierkreissternbild Fische befindet sich
die Sonne am Frühlingsanfang, im astrologischen Tierkreis-

zeichen Fische durchläuft sie, kalendarisch gesehen, die letzten Wintertage bis hin zum Frühlingspunkt am Beginn des Widder-Zeichens. Mit den Fischen sind wir also beim letzten der zwölf Tierkreiszeichen angelangt. Sie bilden das Nachthaus des Jupiter, das diesem jedoch nun vom Neptun streitig gemacht wird. Venus steht in den Fischen angeblich in ihrer Erhöhung und Stärke, Merkur in seiner Erniedrigung und Schwäche. Als weiblich-passives Zeichen gelten die Fische zugleich als wäßrig, veränderlich und phlegmatisch.

Fische sind in allen Gewässern zu Hause, Fische-Menschen fühlten sich demgemäß überall heimisch und gleichzeitig fremd. Sie liebten die Vielfältigkeit des Daseins und seine ständig wechselnden Erscheinungen, in denen sie ganz aufgehen möchten. Infolge ihres Hanges zur Entpersönlichung, zur Preisgabe der eigenen Person, seien sie eben häufig weder Fisch noch Fleisch. Allzu nachgiebig und empfindlich, ließen sie sich zu sehr treiben und von fremden Einwirkungen beeinflussen. Ihr Wunsch, sich einer größeren sozialen oder weltanschaulichen Gemeinschaft innig zu verbinden, führe wegen zu hoher Erwartungen und Ansprüche oft zur Enttäuschung, Resignation und Flucht vor der Realität. Stärkere Charaktere brächten dagegen freudig Opfer für andere, setzten sich selbstlos für humanitäre Belange ein und bewiesen ihr echtes Mitgefühl durch Taten. Solche Menschen strebten nicht nach Geld und Gut. Da die »Fische« aber, entsprechend der Grenzenlosigkeit des Meeres, auch den Drang nach Weite und Erweiterung in sich verspürten, äußere sich das mitunter recht negativ in Besitzsucht und finanziellen Spekulationen.

Angeblich vermögen Fische-Typen Traum und Wirklichkeit meist nicht streng voneinander zu trennen. Deshalb neigten sie leicht zum Aberglauben und zum Mystizismus. Ihre Feinfühligkeit und ihre lebhafte Vorstellungskraft machten sie jedoch sehr empfindsam und empfänglich für alle leisen Töne und Nuancen im zwischenmenschlichen Bereich. Das käme ihnen in bestimmten Berufen zustatten, die viel Verständnis für andere Menschen, Einfühlungsvermögen und Hilfsbereitschaft erforderten. Dann wären sie sozusagen in ihrem Element und würden sehr nützliche und notwendige Leistungen vollbringen. Eine disziplinierte und rationelle Arbeitsweise gehöre freilich nicht zu ihren Stärken.

Nach astrologischer Ansicht liebt die Fische-Frau weite Kleider und Mäntel, in denen sie sich ungezwungen und frei zu bewegen vermag, sowie Stoffe, Farben, Schmuckstücke und Parfums, mit denen sie hervorsticht, bezaubert, fasziniert. Dem vermeintlichen Fische-Mann scheint die Kleidung dagegen nicht so wichtig; über ihre Wirkung macht er sich kaum Gedanken.

Die Planetengöttin Venus, in den Fischen erhöht, soll das Leben der in diesem Zeichen Geborenen durch plötzliches, heftiges Liebesverlangen mächtig stimulieren. Dennoch gilt ein männlicher Fisch nicht als Draufgänger. Man muß ihm sogar entgegenkommen, ihn umwerben und ermutigen. In der Ehe erweist er sich als anpassungsfähig, gemütvoll und brav. Allerdings erwartet er auch für seine Probleme viel Verständnis. Für eine Fische-Frau wäre es gar nicht so einfach, einem Mann ihre Liebe zu gestehen. Leicht geriete sie in Gefahr, den Geliebten zu idealisieren und zu verklären, mehr von ihm zu erwarten, als er sein und geben kann. Als Ehefrau wäre sie hingebungsvoll um das Wohl ihres Gatten bemüht, obwohl sich ihr Haushalt nicht gerade durch übermäßige Ordnung auszeichne.

Fische-Menschen wären sowohl physisch wie psychisch sehr anfällig. Wegen ihrer ungewöhnlichen Sensibilität würden sie sich oft krank wähnen und vor Ansteckungen und Epidemien fürchten. Sie bräuchten einen guten Psychologen nötiger als einen Arzt, der sie nur mit Medikamenten vollstopfe. Gerade bei »Fischen« bestünde die Gefahr, daß sie ihre wahren und vermeintlichen Leiden durch Alkohol und andere Betäubungsmittel zu bekämpfen und verdrängen versuchten. Unter der Vorherrschaft von Jupiter oder Neptun neigten sie zur Rundlichkeit und Fülle. In Haltung, Gestik und Mimik zeigten sie kaum ausgeprägte Eigenheiten. Auch ihre Gesichtszüge und ihre Redeweise hinterließen nur einen verschwommenen, flüchtigen Eindruck. Da haben es die richtigen Fische besser: Sie fallen wenigstens durch Kiemen, Schwanz und Flossen auf.

HOROSKOPE

»Urworte. Orphisch
Wie an dem Tag, der dich der Welt verliehen,
Die Sonne stand zum Gruße der Planeten,
Bist alsobald und fort und fort gediehen,
Nach dem Gesetz, wonach du angetreten.
So mußt du sein, dir kannst du nicht entfliehen,
So sagten schon Sibyllen, so Propheten:
Und keine Zeit und keine Macht zerstückelt
Geprägte Form, die lebend sich entwickelt.«

Goethe wußte über die astrologischen Lehren erstaunlich gut Bescheid, und er hat dieses Wissen auch in sein dichterisches Schaffen einfließen lassen. In »Urworte. Orphisch« verlieh er dem fatalistischen Schicksalsglauben poetischen Ausdruck, einem Glauben, der schon in alter Zeit eng mit der Sterndeutung verbunden war. Sowohl im Himmel wie auf Erden schien ja selbst das geringste Geschehen, der unbedeutendste Vorgang durch den unerbittlichen Zwang von Ursache und Wirkung unabwendbar vorherbestimmt. Sich als ein Teil dieses miteinander verwobenen Weltganzen, als notwendiges, unverzichtbares Glied der unendlichen Kausalkette zu empfinden, vermochte wohl Geist und Gemüt zu erheben. Andererseits konnte eine derart strenge deterministische Weltsicht, die der eigenen freien Entscheidung und Entwicklung praktisch keinerlei Spielraum mehr ließ, das Gefühl persönlicher Ohnmacht leicht zur völligen Resignation und Verzweiflung steigern. Aus den Planetenkonstellationen zu erkunden, nach welchem Gesetz man angetreten war, ob man zu den vom Schicksal Begünstigten oder Benachteiligten zählte, blieb so eine stete, zwischen Furcht und Hoffnung, Zweifel und Ergebung angesiedelte Versuchung.

Bereits in der Antike ist die astrologische Schicksalsdeutung mit allerlei philosophischen Überlegungen und mathe-

matischen Methoden zu einem ebenso abstoßenden wie faszinierenden, platten wie komplizierten Gemisch aus Unsinn
und Tiefsinn, Aberglauben und echter Gläubigkeit, Scharlatanerie und ernsthaftem Wissensdrang vermischt worden.
Diesen seltsam schillernden Hintergrund dürfen wir nicht
aus den Augen verlieren, wenn wir der Frage nachgehen,
wie Horoskope gestellt und gedeutet werden. Als Beispiel
dafür wählen wir das Horoskop, das Franz Boll über die
»Geburtskonstellation« und das Leben Goethes veröffentlicht hat (Abb. 34). Im letzten Abschnitt zitieren wir dann
Franz Bolls geistreiche und amüsante Auslegung dieses Horoskops, um zu zeigen, wie man aus dem Stand der gewaltigen Himmelsuhr tatsächlich richtige Schlußfolgerungen zu
ziehen vermag – wenn man den Lebenslauf des Betreffenden vorher genau kennt. Zunächst sehen wir uns aber Goethes Horoskop und seine einzelnen Elemente auf der Abbildung näher an.

Goethe wurde am 28. August 1749 mittags zwölf Uhr in
Frankfurt am Main geboren. Aus der Geburtszeit und dem
Geburtsort (Frankfurt liegt in rund 50° nördlicher Breite
und 9° östlicher Länge) kann man errechnen, welche Tierkreiszeichen und Wandelsterne (Sonne und Mond inbegriffen) sich gerade über beziehungsweise unter dem Horizont
befinden. (In Goethes Horoskop sind die Planeten Uranus,
Neptun und Pluto nicht mit berücksichtigt.) Das Horoskop
selbst ist in zwölf Kreissegmente unterteilt, wobei die waagerechte Linie von 17°45′ im Skorpion bis zu 17°45′ im Stier
den Horizont symbolisiert, die senkrechte Linie dagegen den
Meridian (von 4°50′ in der Jungfrau bis zu 4°50′ in den Fischen). Die Horizontlinie weist auf den Ostpunkt (links) und
den Westpunkt (rechts), der Meridian nach Süden (oben) und
nach Norden (unten). Der Mittelpunkt des Horoskops versinnbildlicht den Geburtsort. Über dem Horizont liegt die
Taghälfte des Firmaments, unter ihm die Nachthälfte. Die
scheinbare tägliche Bewegung des Himmelsgewölbes erfolgt
von Osten nach Westen, im Horoskop also im Uhrzeigersinn von links nach rechts. In der Taghälfte von Goethes Horoskop hat die Sonne im Zeichen der Jungfrau
bei 5°6′ gerade ihre Kulmination, ihre höchste Stellung über
dem Südpunkt, erreicht. Auch die Venus hält sich, östlich

(links) davon, im Jungfrau-Zeichen bei 26°24′ auf, während der Merkur westlich (rechts) von der Sonne zwischen Jungfrau und Krebs im Löwe-Zeichen bei 25°57′ weilt. Saturn steht im Skorpion (15°5′). Unter dem Horizont, in der Nachthälfte, bemerken wir den Mars im Tierkreiszeichen Steinbock

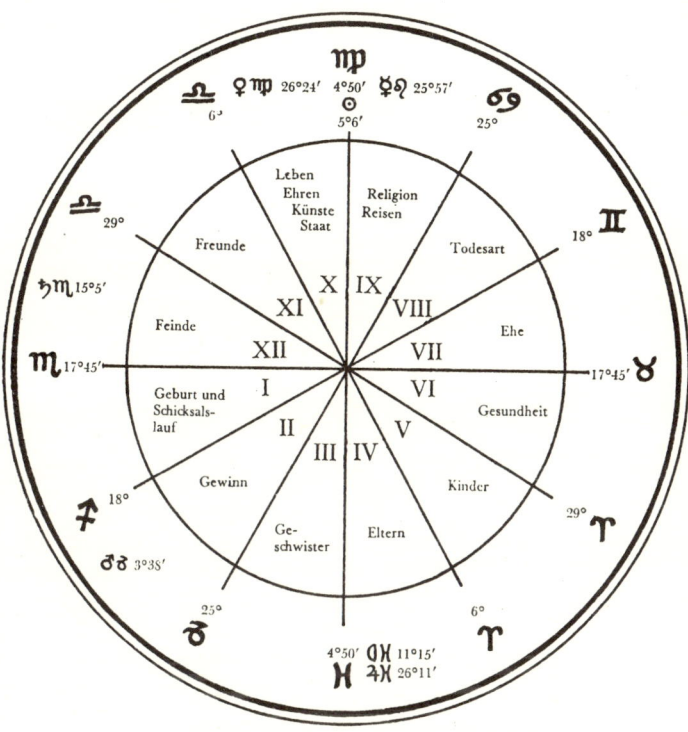

34 Goethes Horoskop (nach Franz Boll)

(3°38′) sowie den Mond und den Jupiter im Zeichen der Fische (bei 11°15′ beziehungsweise bei 26°11′). Außerdem besetzen Sonne und Venus das Taghaus des Merkur (die Jungfrau), Mond und Jupiter das Nachthaus Jupiters (neuerdings das Haus Neptuns – die Fische). Der Merkur nimmt das Taghaus der Sonne (den Löwen) ein, der Saturn das Taghaus von Mars (neuerdings das von Pluto – den Skorpion), und der Mars das Taghaus Jupiters (den Steinbock). Bemerkenswert ist ebenfalls, daß sich Venus ganz nahe bei ihrer Erniedrigung (27° Jungfrau), die Sonne im Bezirk Merkurs und der Mond im Bezirk Jupiters befindet. Was es mit diesen Bezirken auf sich hat, erläutert Franz Boll so:

»In jedem der zwölf Tierkreiszeichen gehört eine Anzahl von Graden jeweils einem der fünf Planeten, denn Sonne und Mond pflegen dabei von den meisten übergangen zu werden. Die Verteilung geschieht auf allerlei Art und war zwischen den verschiedenen Schulen sehr streitig. Es gab eine chaldaeische, eine ägyptische und mindestens noch zwei andere Methoden, die uns sämtlich überliefert sind. Die Bezirke sind mit dem zugehörigen Planeten so eng verbunden, daß sie die gleiche Bedeutung haben wie er selbst, auch ohne daß er sich gerade in Person in ihnen befindet.«

Nicht nur die Erhöhungen und Erniedrigungen, die Tag- und Nachthäuser, die Bezirke und Tierkreiszeichen sollen wichtig sein, sondern ebenfalls die Winkel, die Sonne, Mond und Planeten, vom Geburtsort (oder vom Ort eines anderen Ereignisses) aus gesehen, miteinander bilden. Auch diese Ansicht wurzelt in der antiken Mythologie, in der sich die Götter mit Sympathie und Antipathie, mit Freundschaft und Liebe oder Feindschaft und Haß begegneten. Ihr Verhältnis zueinander versuchte man mit Hilfe der Geometrie zu erschließen und in den wechselnden Winkelabständen der Wandelsterne zu erfassen. Diese Winkel heißen Aspekte (von lateinisch aspicere, erblicken, anblicken). Je nach ihren Aspekten und Positionen »blicken« die Wandelsterne das neugeborene Menschenkind und den Ort des Geschehens mit vermeintlich günstiger oder schädlicher Auswirkung an. Als starke und damit besonders einflußreiche Aspekte gelten folgende Gradabstände:

Konjunktion	(Gleichschein)	0°	Symbol:	☌
Opposition	(Gegenschein)	180°	Symbol:	☍
Quadratur	(Geviertschein)	90°	Symbol:	□
Trigon	(Gedrittschein)	120°	Symbol:	△
Sextil	(Sechstelschein)	60°	Symbol:	⚹

Solche Aspekte beziehungsweise geometrische Figuren haben wir bereits in Verbindung mit den Tierkreiszeichen und ihrer Einteilung in Elemente, Temperamente und Konstitutionen (vgl. Abb. 20) sowie in den Abschnitten »Mars« und »Konjunktionen« erwähnt. Neben diesen starken unterscheiden die Astrologen aber noch eine Reihe schwacher Aspekte:

Semisechstil	(Halbgesechstschein)	30°	Symbol: ⊻
Semiquadrat	(Halbquadratschein)	45°	Symbol: ∠
Sesquiquadrat	(Anderthalbquadratschein)	135°	Symbol: ⊡
Quincunx	(Fünfzwölftelschein)	150°	Symbol: ⊼
Quintil	(Fünftelschein)	72°	
Sesquiquintil	(Anderthalbfünftelschein)	108°	
Biquintil	(Zweifünftelschein)\	144°	

Ein Aspekt von 0° würde in seiner Wirkung vor allem vom Wesen der beteiligten Wandelsterne abhängig, im allgemeinen jedoch disharmonisch und ungünstig sein. Der Winkel von 180° kündige spannungs- und konfliktreiche Situationen, hemmende Widerstände und Enttäuschungen an. Schwierigkeiten, Mißerfolge, Unglück und Gefahr bringe ebenfalls der 90°-Aspekt mit sich. Dagegen verheiße der Winkel von 120° die Erfüllung persönlicher Wünsche, Glück im Privatleben sowie Erfolge im Beruf. Günstig wäre auch der 60°-Aspekt mit seinem Harmonie, Glück, Erfolg und Aufstieg vermittelnden Einfluß. Schwächere positive Folgen hätte der Winkel von 150°. Bei Gradabständen von 30°, 45° und 135° könne man die Bedeutung nur durch die betreffenden Planeten erkennen. Kaum für wichtig halten die meisten Astrologen die Aspekte von 72°, 108° und 144°.

Je genauer die genannten Winkelabstände eingehalten würden, desto stärker wären ihre Wirkungen. Allerdings räumen die Sterndeuter dabei einen gewissen Toleranzbereich ein, den sie jedoch für Sonne, Mond und die einzelnen Planeten sehr unterschiedlich angeben. Geht die Winkelentfernung innerhalb eines Tierkreiszeichens über diesen Toleranzbereich hinaus, gilt sie nicht als genauer, sondern nur als plaktischer Aspekt. In neuerer Zeit bewertet man aber beide Aspekte häufig als gleich gewichtig. Als feralis oder tot wird ein Planet bezeichnet, der keine Aspekte mit anderen Wandelsternen bildet. Bewegt sich ein schnellerer Planet auf einen Aspekt mit einem langsameren Planeten zu, appliziert er mit diesem (verursacht er eine Applikation, eine »Anheftung«). Angeblich verstärkt diese den Aspekt, während ihn eine Separation (Trennung) abschwächt.

Vom Mond abgesehen (er bewegt sich auf seiner Bahn pro Tag rund 13° von Westen nach Osten), verändern sich die Winkelabstände insbesondere zwischen den sonnenfernen Wandelsternen nur langsam. Deshalb haben viele Menschen, die etwa zur gleichen Zeit geboren worden sind, in ihren Horoskopen ähnliche Planetenkonstellationen und Aspekte. Um zusätzliche Deutungsmöglichkeiten zu schaffen, hat man den Ekliptikkreis daher in zwölf Abschnitte eingeteilt, in die sogenannten Häuser, Felder, Orte oder Räume. Um Verwechslungen mit den Häusern der Planeten zu vermeiden, benutzen wir für diese Abschnitte die Bezeichnung Felder. Unter dem Horizont liegen die Felder I bis VI, über ihm die Felder VII bis XII. Während eines Tages wandern die Tierkreiszeichen sowie Sonne, Mond und Planeten von Osten über Süden nach Westen und Norden durch alle zwölf Felder hindurch (infolge der täglichen Drehung der Erde um ihre eigene Achse von Westen nach Osten).

Die Begriffe in den zwölf inneren Segmenten von Goethes Horoskop umreißen stichwortartig, welche Lebens- und Erfahrungsbereiche den Feldern zugeschrieben werden. Jedem Feld hat man zusätzlich auch ein Tierkreiszeichen und einen Wandelstern zugeordnet: Widder und Mars dem I. Feld, Stier und Venus dem II., Zwillinge und Merkur dem III., Krebs und Mond dem IV., Löwe und Sonne dem V., Jungfrau und Merkur dem VI., Waage und Venus dem VII., Skorpion und Mars (oder Pluto) dem VIII., Schütze und Jupiter dem IX., Steinbock und Saturn dem X., Wassermann und Uranus dem XI., Fische und Neptun dem XII. Feld.

Als besonders wichtig gelten die Eckfelder I, IV, VII und X. Der im Osten jeweils aufgehende Ekliptikpunkt, der Aszendent (Abkürzung Asz.), wird zum Eckfeld I gerechnet. Das sich gerade in ihm befindliche Zeichen ist dann das Tierkreiszeichen des Aszendenten. Viele Astrologen halten es für noch einflußreicher als das Zeichen, in dem sich die Sonne zur Geburtszeit eines Menschen aufhält. Goethe hatte den Skorpion (17°45′) als Aszendenten. An der »Spitze« des Eckfeldes VII (vgl. auch Abb. 36) liegt der Untergangspunkt der Ekliptik, der Deszendent (Abkürzung Dsz.); bei Goethe war es der Stier (17°45'). Die »Spitze« des Eckfeldes X weist auf jenen Ekliptikgrad, der im Süden kulminiert. Er heißt Himmelsmitte (Medium Coeli oder Medium Caelum, Abkürzung M. C.) – ein Punkt, der von manchen Astrologen sogar noch höher bewertet wird als der Aszendent. In Goethes Horoskop steht die Himmelsmitte in der Jungfrau (4°50'). Als Himmelstiefe (Imum Coeli oder Imum Caelum, Abkürzung I. C.) gilt schließlich die »Spitze« des weniger wirkungsvollen Eckfeldes IV. Hier erreicht die Ekliptik ihre tiefste Stellung unter dem Nordhorizont (im Geburtshoroskop Goethes 4°50' in den Fischen).

Die zwölf Felder werden entweder verschieden oder gleich groß dargestellt. (Für die erwerbsmäßig betriebene Astrologie gibt es dafür Vordrucke.) In Goethes Horoskop umfassen die gleich großen Felder unterschiedlich große Bogenstücke auf der Ekliptik. Wir können das auf Abbildung 34 leicht ablesen. So reicht das XI. Feld nur von 6° bis 29° Waage, das gegenüberliegende Feld ebenfalls nur von 29° bis 6° Widder. Beide umschließen also 23 Ekliptikgrade. Das IX. Feld erstreckt sich dagegen von 25° Krebs bis 4°50' Jungfrau, und das entgegengesetzte III. Feld von 4°50' Fische bis 25° Steinbock – das sind jeweils insgesamt 39°50'! (Im IX. Feld befindet sich ja außer einem Teil von Krebs und Jungfrau das gesamte Löwe-Zeichen, im III. Feld außer einem Teil der Fische und des Steinbocks noch das Zeichen des Wassermanns!) Welche Tierkreiszeichen und Wandelsterne zur Geburtszeit Goethes in den zwölf Feldern standen, vermag der Leser nun an Hand von Abbildung 34 ohne Mühe selbst zu erkennen.

Aus all dem Gesagten leuchtet ein, daß man für ein solches Horoskop den möglichst genauen Zeitpunkt der Geburt wissen muß. Nur dann kann man zum Beispiel feststellen, welcher Ekliptikgrad (und damit welches Zeichen) gerade als Aszendent auf und als Deszendent unterging, welcher Ekliptikpunkt sich in der Himmelsmitte und in der Himmelstiefe befand, welche Tierkreiszeichen und Wandelsterne sich in den einzelnen Feldern aufhielten. Um die Geburtszeit für das Horoskop zu ermitteln, scheute man früher oft keine Mühe. »Bei der Geburt eines Prinzen oder sonst eines Kindes aus reichem und vornehmem Hause«, erzählt Franz

Boll, »saß daher der ›Chaldaeer‹ nachts ... auf hoher Warte und ein anderer bei der in Wehen liegenden Frau, um der Sternwarte sofort durch ein Gongzeichen den Augenblick der Geburt zu melden. War doch selbst bei der Geburt Ludwigs XIV. noch der Sterndeuter Morin in gleicher Absicht im Zimmer versteckt!« (Vergleiche dazu Abb. 35.)

Die genaue Geburtszeit war und ist auch wegen der sogenannten Primär-Direktionen wichtig. Der Stand der Sterne in den ersten vier Lebensminuten soll nämlich maßgebend sein für das erste Lebensjahr, ihr Stand fünf bis acht Minuten nach der Geburt für das zweite Lebensjahr usw. Sicher sind gerade vier Minuten gewählt worden, weil sich die »Himmelskugel« in dieser Zeit scheinbar um einen Grad von Osten nach Westen dreht. Neben den Primär-Direktionen berücksichtigt man noch die Sekundär-Direktionen, bei denen die Gestirnkonstellationen während des ersten Lebenstages Auskunft über das erste, die des zweiten Tages Auskunft über das zweite Lebensjahr usw. geben.

Natürlich stellen die Astrologen nicht nur Geburtshoroskope. Eine besondere Form der Sterndeutung ist die Frage-Astrologie, bei der man sich etwa nach seinen beruflichen Aussichten, nach seinen Chancen bei einem Rechtsstreit, einem ärztlichen Eingriff oder gar bei einer Liebesaffäre erkundigt. Um dafür das Horoskop zu stellen, geht der Astrologe von Ort und Zeit aus, als sich die betreffende Situation oder Frage abzeichnete. Darüber hinaus können sich Horoskope auf politische Ereignisse und wirtschaftliche Unternehmungen, auf Kriege und Katastrophen, Völker, Länder, Städte und vieles andere beziehen. Alle diese Horoskope entsprechen jedoch in ihrer Form und in ihrem Aufbau im Prinzip jenem Horoskop, das Franz Boll zu Goethes Geburt und Leben gestellt hat. So vielfältig wie die Geschehnisse, die die Sterndeuter mit ihren Horoskopen kommentieren, sind auch die astrologischen Veröffentlichungen. Sie sparen fast keine Tätigkeits- und Erlebnisbereiche aus; die Skala reicht vom astrologischen Kochbuch bis zur astrologischen Berufs-, Ehe-, Eltern- und Sexualberatung. Es gibt Horoskope für Schiffe und Autos (man glaubt wohl, sicherer zu reisen, wenn das eigene Fahrzeug unter »günstigen Sternkonstellationen« steht, die vielleicht wie eine Art Schutz-

35 Um den genauen Zeitpunkt der Geburt festzustellen, war mitunter auch ein Astrologe bei der Niederkunft zugegen

engel wirken sollen). Selbst für Hunde werden Horoskope angefertigt, denn welcher Liebhaber der vierbeinigen Gesellschafter möchte nicht wissen, ob er sich noch lange ungestört an seinem Tier erfreuen kann oder ob diesem besondere Gefahren und Krankheiten drohen. Wenn man gar noch Computer zur Aufstellung von Horoskopen benutzt, scheint deren Glaubwürdigkeit in besonderer Weise wissenschaftlich gesichert, wobei leicht vergessen wird, daß kein noch so leistungsfähiger Computer falsche Voraussetzungen in höhere Wahrheiten und gültige Zukunftsprognosen zu verwandeln vermag. Eigentlich sollten wir auch gar nicht von der Astrologie sprechen, zerfällt diese doch in zahlreiche

Richtungen und Gruppierungen, die sich, wie eh und je, mitunter auf das heftigste bekämpfen.

Diese Flut astrologischer Schriften in Ländern, in denen die Sterndeutung erfolgreich »vermarktet« wird, ist ein Phänomen für sich. Wir führen es nur an; es müßte gründlich und umfassend im Zusammenhang mit dem jeweiligen gesellschaftlichen Hintergrund untersucht werden, genauso wie die verblüffende Gläubigkeit, auf die sich die Astrologen noch immer zu stützen vermögen.

Und wie verhält es sich mit astrologischen Treffern? Bei unseren Ausführungen über die Planeten und Tierkreiszeichen ist hoffentlich klar genug geworden, wie zweideutig und widersprüchlich die astrologischen Behauptungen oft sind und daß sie sich häufig selbst aufheben. Ihr Sowohl-Als-Auch verpflichtet zu keiner eindeutigen Festlegung, jeder vermag sich dann das Beste, auf ihn vielleicht Zutreffende selbst herauszusuchen. Der Leser hat sicher schon selbst die Probe aufs Exempel gemacht und kritisch analysiert, welche Angaben zu seinen Tierkreiszeichen auf seinen Charakter zutreffen oder ihm widersprechen. Was in einem Horoskop zufällig richtig ist, wird sich dem Gedächtnis immer stärker einprägen und höher bewertet werden als die Fehlschüsse. Gewöhnlich verlangen die Astrologen von ihren Kunden nähere Angaben zu Person und Familie, Beruf und gesellschaftlicher Stellung. So entgehen sie eher der Gefahr, mit den Horoskopen gänzlich danebenzutappen.

Ein »klassisches Beispiel« (neben vielen anderen) lehrt uns, wie drastisch sich allzu detaillierte Prognosen als reine Spekulation entpuppen können. Im Jahre 1608 wurde Johannes Kepler aufgefordert, für den damals fünfundzwanzigjährigen Wallenstein das Horoskop zu stellen. Er kam diesem Wunsche nach. (Abb. 36. Horoskope wurden damals nicht in runder, sondern in quadratischer Form angefertigt. Die nach außen weisenden Spitzen der Eckfelder I, IV, VII und X zeigen nach Osten, Norden, Westen und Süden.) Aus den Konstellationen zur Geburtszeit Wallensteins schloß Kepler, daß diesem im 28., 39. und 40. sowie im 69. und 70. Lebensjahr tödliche Gefahren drohten. Weiter schrieb er in bezug auf Wallenstein: »Vom 47. bis ins 52. wollen wir anfangen, an Gütern, Autorität und Ansehen trefflich zuzunehmen ...« Diese Zeit werde überhaupt die glücklichste in Wallensteins Leben werden. In Wirklichkeit wurde es seine kritischste: Im Alter von 51 Jahren wurde er ermordet. Für solche und andere astrologische Fehlspekulationen könn-

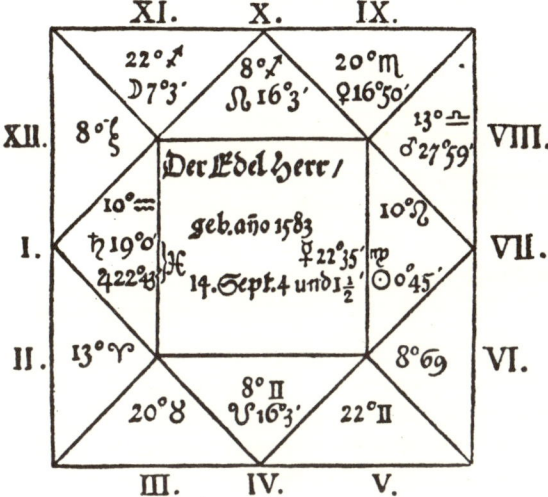

36 Horoskop des Feldherrn Wallenstein, von Kepler gestellt

ten wir noch eine Menge Beispiele anführen, wir lassen es aber aus Platzgründen bei diesem »klassischen« bewenden.

Franz Boll hatte es da mit Goethes Horoskop und seiner »richtigen« Deutung leichter, wußte er doch, wie Goethes Leben verlaufen war. Doch das Ergebnis seiner Horoskop-Auslegung schien so verblüffend, »daß sehr viele gläubige Anhänger der Astrologie dieses heitere Spiel für feierlichen Ernst nahmen und ernsthafte Leute auf der Gegenseite mich dafür ausschalten, beide Teile ohne zu merken, was ich eigentlich gewollt hatte: zeigen, wie *leicht* es ist, in jedem Horoskop das, was man erwartet oder wünscht, an irgendeiner Stelle zu finden. Ich hatte mein Publikum offenbar etwas überschätzt.«

Goethes Horoskop

In »Aus meinem Leben. Dichtung und Wahrheit« berichtet Goethe: »Am 28. August 1749, mittags mit dem Glockenschlage zwölf, kam ich in Frankfurt am Main auf die Welt. Die Konstellation war glücklich; die Sonne stand im Zeichen der Jungfrau und kulminierte für den Tag; Jupiter und Venus blickten sie freundlich an, Merkur nicht widerwärtig; Saturn und Mars verhielten sich gleichgültig: nur der Mond, der soeben voll ward, übte die Kraft seines Gegenscheins um so mehr, als zugleich seine Planetenstunde eingetreten war. Er widersetzte sich daher meiner Geburt, die nicht eher erfolgen konnte, als bis diese Stunde vorübergegangen.«

»Dichtung und Wahrheit« hat Goethe bei der Verbindung der Astrologie mit seiner Geburt kräftig vermischt. Ähnlich ist Franz Boll bei seiner Erläuterung von Goethes Horoskop verfahren (vgl. Abb. 34). Allerdings stützte er seine Deutung nicht auf die Lehren der »modernen«, sondern auf die der antiken, von zahlreichen griechischen und römischen Schriftstellern überlieferten Astrologie. Zu Goethes Eltern meint Boll zunächst scherzhaft:

»Beginnen wir mit dem, was über Goethes *Eltern* aus dem Thema zu ersehen ist … Und zwar müssen wir nach der Anweisung des Dichters Dorotheos prüfen, in welchem Bezirk und Zeichen die Sonne und der Mond stehen und neben welchen Sternen. Die Sonne ist im Zeichen der Jungfrau: der *Vater* wird danach nicht ohne geistige Interessen sein, tätig, aber unfruchtbar wie die Jungfrau, ein guter Haushalter, der sich aber viel Sorgen macht. Der ›Bezirk‹ ist der des Merkur; daher mag er gesetzeskundig, also Jurist, methodisch und doch unbeständig geworden sein. Viel unzweideutiger noch scheint der *Mutter* Frohnatur gezeichnet. Der Mond, der noch nicht lange voll geworden ist, also fast genau im bedeutsamen Gegenschein zur Sonne, dem Vertreter des Vaters, steht, befindet sich hier nach den meisten antiken Systemen im Bezirk des *Jupiter*; dazu auch in dessen Haus; und ist obendrein von dem Jupiter nur durch 11 Grade getrennt. Da *mußte* die Mutter sicherlich eins von den ›hellgebornen, heiteren Joviskindern‹ sein! Daß der Vollmond schon vorüber ist, ›mindert die Trockenheit‹, wirkt also auch im Sinne des warmfeuchten Jupiter. Auf den Kinderreichtum der Mutter kann man aus dem Stand des Mondes in den Fischen schließen; da aber der III. Ort fast ganz im Wassermann, dem Haus des Saturn steht, so wird den übrigen Kindern nicht allzuviel Glück zu prophezeien sein.

Und nun zu Goethe selber! Zweierlei dominiert in seinem Horoskop glänzend: die Sonne und Venus. Es ist Mittagsstunde: die *Sonne* kulminiert, sie ist genau im *Medium Caelum*, also an der stärksten Stelle des Horoskops, und nicht sehr ferne von dem strahlenden Königsstern im Löwen[*], und es ist Hochsommer. Wenn sonst alles in Ordnung ist – und ich sehe keine Störung durch schlimmen Geviert- oder Gegenschein –, so muß das einen Mann geben, der ein König in seiner Sphäre ist, dem Verstand, Klugheit, Wohlgestalt in hohem Maße zukommt; der wie der allschauende Helios zum Sehen geboren, zum Schauen bestellt ist ... Wenn man nach den Regeln der Kunst seine *Religion* im IX. Haus des Horoskops erforscht, das im Tierkreiszeichen des Löwen liegt, also in dem kosmischen Haus wiederum der Sonne, so wird man sein Bekenntnis zur ›Allmächtigen Sonne‹ verstehen, von Wanderers Sturmlied (älterer Fassung) bis zu dem wundervollen letzten Gespräch mit Eckermann, daß er durchaus bereit sei, die Sonne zu verehren als die mächtigste Offenbarung Gottes. Ihm werden Statuen gesetzt gleich Helios, der im Hause der Ehren (X) ist, und sein ganzer dort zu lesender Lebenslauf wird so sein, wie er selber an Frau von Stein schreibt: ›Das meiste, dessen ich persönlich fähig war, habe ich auf den Gipfel des Glückes‹ – astrologisch ausgedrückt die *Kulmination* – ›gebracht, oder sehe vor mir: es wird werden.‹ Da das X. Haus, welches Leben und Taten, Ehren und Künste, Staat und Wohnort anzeigt, ins Zeichen der Jungfrau fällt, eines menschlichen Tierkreisbildes, so wird ... er sich dem Menschenwürdigsten hingeben, der Kunst und der Forschung, auch der Beförderung des Gewerbefleißes, denn die Jungfrau ist das Tageshaus des Merkur. Und da der *König* Helios dort steht, so wird Goethe wohl nicht dauernd Republikaner bleiben, sondern an einem Fürstenhof leben. Es läßt sich das auch daraus erschließen,

---

[*] Gemeint ist der Fixstern Regulus.

daß der im Osten aufsteigende Grad des Tierkreises, der Aszendent, ziemlich im Gedrittschein zu Jupiter steht: das bewirkt nach Firmicus* Menschen von großen Glücks- und Geistesgaben, ruhmvoll und stolzen Sinnes, die ›ihrer geistigen Bestrebungen wegen‹ in eine fremde Stadt übersiedeln.

Außer der Sonne spielt noch ein Planet eine besonders große, ja noch größere Rolle in diesem Horoskop; das ist die *Venus*. Der schöne, glückbringende Stern herrscht nach dem ›chaldaeischen‹ System auch in dem Bezirk, in dem die Sonne steht. Aber Venus selbst steht ebenfalls im X. Haus; und ist es schon dadurch gewiß, daß ihm die Frauen viel Ehren erweisen, so spricht das XI. Haus, das Haus der Freunde, erst recht dafür, daß sie ihm herzlich wohlgesinnt sein werden, da das Tierkreiszeichen dieses Hauses, die Waage, das Tageshaus der Venus ist ...

Es ist neben alledem nicht ganz zu übersehen, daß Venus nur einen halben Grad von ihrer *Depression*** entfernt steht; daraus mag man so manche schwere Erfahrung in Goethes Liebesleben erklären. Da ferner Venus mit der Sonne in gleichem Zeichen steht und gewisse Umstände zutreffen, so ist für seine *Heirat* ein Herabsinken des Standes zu erwarten; er wird entweder eine arme Frau oder gar eine Magd heiraten. Man ahnt – Christiane Vulpius in Weimarer Beleuchtung. ›Ach, am Ende war ich König, aber ohne Königin.‹

Mond und *Jupiter* sind zusammen in einem Haus (und zwar in einem des Jupiters selbst, den Fischen); das bedeutet nach Valens*** gute, begüterte, wohlgestaltete Menschen, die von Frauen und vornehmen Persönlichkeiten gefördert werden und Geschenke und Ehren und ansehnliche Würden empfangen: der Geheimerat und Minister kündigt sich an. Nach Firmicus wird er seine Eltern an Ansehen übertreffen. Übrigens ist Goethe nicht ganz gut unterrichtet gewesen, wenn er für den Jupiter ›freundliches Anschauen‹ an-

* Firmicus Maternus, römischer Schriftsteller, schrieb um 350 acht Bücher über Astrologie.
** Depression: Erniedrigung.
*** Vettius Valens, Schriftsteller griechischer Sprache, im 2. Jahrhundert lebend.

nimmt, während er doch fast in Opposition zur Sonne und ganz zur Venus steht: es gibt zwar eine Theorie, die den Gegenschein so günstig auffaßt ..., aber Goethe selber scheint sie nicht gebilligt zu haben, denn er hebt die Opposition des Mondes dann als störend hervor. Auch daß *Mars* sich gleichgültig verhalten habe, wie Goethe meint, ist schon insofern nicht ganz richtig, als er der Tagesherr des Aszendenten (Skorpion), also des I. Hauses ist. Im Umkreis dieses Lebens wird es also an Kampf und Krieg nicht fehlen können. Daß dagegen Sonne und Mars ziemlich im Gedrittschein zueinander sind, macht nichts aus, da Mars durch sie ›blockiert‹ ist ...

Saturns Rolle in dem Horoskop ist nicht ganz unbedenklich, zumal er im Haus der Feinde steht: alles Altgewordene, Versteinerte, alles, dem sein Wesen ›im stillen ein ewiger Vorwurf ist‹, wird sich gegen ihn zur Wehr setzen, wie der entthronte Sonnengott – das ist Saturn ... – gegen den herrschenden. Auch daß der *Aszendent* dem Saturn dicht folgt und dabei in dem schlimmen *Skorpion* liegt, wirft einige Schatten auf dieses Leben; mindestens eine gewisse Verschlossenheit wird das als ›rätselhaft‹ geltende Tierkreiszeichen, im Verein mit dem versteckten Wesen des Saturn, im höheren Lebensalter verursachen; aber auch, als ein auf der Erde kriechendes Tierkreiswesen, in dem der ›erdige Planet‹ Saturn steht, jene starke Diesseitigkeit, die sich ›in derber Liebeslust mit klammernden Organen‹ an die Erde hält.

Vielleicht ließe sich die Wirkung des Saturn in diesem Horoskop aber auch noch anders deuten. Es haben nicht viele Minuten gefehlt, daß Goethes Geburt unmittelbar mit dem Aufgang des Saturn zusammengefallen wäre, statt ihm nur sehr knapp nachzufolgen. Wäre das erstere wirklich eingetroffen, so hätte Saturn, nach den Worten Keplers im Horoskop Wallensteins von 1609* (und ziemlich genau auch nach der antiken Theorie), ›müßige, melancholische, allzeit wachende Gedanken, Alchymiam, Magiam, Zauberei, Gemeinschaft zu den Geistern, Verachtung und Nichtachtung menschlicher Gebote und Sitten, auch aller Religionen‹ ge-

* Richtig muß es heißen: 1608.

bracht. Mit anderen Worten: es wäre ein *Faust*, etwa in der Art des Volksbuches, aus Goethe selbst geworden. So ist diese Möglichkeit in der Stunde seiner Geburt an ihm gerade noch vorbeigeschwebt. Ihr Bild aber ist ihm eingeprägt geblieben, und statt des Magiers Faustus ward – der Dichter des Faust.

Über den *Aszendenten* im Skorpion läßt sich noch einiges sagen. Er liegt im 18. Grad des Skorpions, gehört also seinem *zweiten* Dekan an. Das weist auf einen mühebeladenen Mann und auf Kinderlosigkeit, aber auch auf festen Sinn und auf eine Stellung bei einem großen Herrn. Auf wenig Glück mit Nachkommenschaft deutet abermals Mars als Herrscher des V. Hauses, des Ortes der Kinder. Dafür aber gewährt der Aszendent im Skorpion die Aussicht auf *langes* Leben, denn der Skorpion gehört zu den langsam aufsteigenden Zeichen. Die Frage nach der Lebensdauer eines Menschen ist allerdings sehr verwickelt und über die rechte Methode gehen die Meinungen hier besonders weit auseinander. Nehmen wir als einen nicht ganz unebenen (und nicht gar zu zeitraubenden) Weg die in einem antiken Horoskop verwendete Annahme, daß der Geburtsherrscher und ›Spender des Lebens‹ (*dator vitae*) jener Planet sei, der sich im gleichen Zeichen mit der Sonne befindet, so kommen wir auf Venus. Sie verleiht als Maximum nach fester Theorie – 82 Jahre. Mehr als ein halbes darüber war auch diesem großen Glücklichen nicht beschieden. ›Die Zeit wird Herr, die Uhr steht still …‹

Von den *Freunden* ist noch ein Wörtlein zu sagen. Das Haus der Freunde, auch der weiblichen, steht hier in der Waage. Dieser, als dem Zeichen des Herbstbeginnes ist es eigen, das Vorhandene zu *vermindern*; man bedarf keines Kommentars: die Erfahrungen mit Herder; der Bruch mit Frau von Stein; der Tod Schillers. Und noch etwas über die *Reisen*: siehe das IX. Haus. Darin ist der Löwe; der gehört der Sonne. Also wird es diesen Sonnenliebling ›nach der Sonne frieren‹, dorthin, wo ›Phöbus rufet, der Gott, Formen und Farben hervor‹. Leider ist die astrologische Geographie … fast zu sehr mit sich uneins, als daß man sie nach dem näheren Wohin der Reisen ohne Bedenklichkeit befragen könnte; immerhin, um die größte Autorität zu konsultieren: beim Ptolemäus sind zwei Drittel der Länder, die zum Löwen gehören, die folgenden: Italien, Sizilien und Frankreich. Nach Frankreich hat ihn freilich nicht die Sonne, sondern der Mars geführt.

Soviel zu Goethes Horoskop: genug wohl für die große Mehrzahl der heutigen Leser, die diesem Scherz vielleicht einen stärkeren Verdacht eines ›*corriger la fortune**‹ entgegenbringen werden, als meinem guten Gewissen entspräche: es ist kein Satz darin, den ich nicht aus den antiken Zeugen belegen könnte. Allerdings: der Verfasser konnte nicht gut vergessen, was er von Goethes Leben weiß. Wäre mir unbekannt gewesen, wessen Horoskop vor mir lag, oder hätte ich ein anderes antikes System gewählt, das nicht besser und nicht schlechter als das hier gebrauchte ist, so wäre nicht wenig im Dunkel geblieben, was jetzt in heller Beleuchtung erscheint, und anderes, minder Zutreffendes hervorgetreten – z. B. daß der Träger dieser Geburtskonstellation dem Biß wilder Tiere erliegen werde. Und wenn das Schicksal wirklich in den Sternen stünde, so müßte unvermeidlich *jedes* in dieser Minute geborene Frankfurter Kind Goethes Gaben und Schicksale geteilt haben. Aber ›welcher Astrologus einige Sache bloß und allein aus dem Himmel vorsagt und sich nicht fundiret auf das Gemüth, die Seele, Vernunft, Kraft oder Leibesgestalt desjenigen Menschen, dem es begegnen soll, der geht auf keinem rechten Grund, und so es ihm schon gerate, sey es Glücksschuld‹, sagt Kepler. Anders gesagt: der Astrolog wird gleich andern Zeichendeutern in den Befund immer wieder ohne Arg hineinlesen, was er erwartet. Und aus den himmlischen Buchstaben kann man nicht weniger Worte zusammensetzen als aus den irdischen.«

* *corriger la fortune*: dem Glück nachhelfen, falsch spielen.

Literatur in Auswahl

Agrippa von Nettesheim: De occulta Philosophia Libri tres. Köln 1533

Albumasar: De magnis coniunctionibus, annorum revolutionibus ac eorum profectionibus. Augsburg 1489

Barbault, André: (Heyne-) Tierkreis-Bücher. Charakter und Schicksal des Menschen im Tierkreis. München 1966

Becker, Werner: Vom alten Bild der Welt. Alte Landkarten und Stadtansichten. Leipzig 1969

Boll, Franz: Kleine Schriften zur Sternkunde des Altertums. Herausgegeben und eingeleitet von Viktor Stegemann. Leipzig 1950

Boll, Franz, und Bezold, Carl: Sternglaube und Sterndeutung. 3. Aufl., Leipzig/Berlin 1926

Bürgel, Bruno H.: Aus fernen Welten. Eine volkstümliche Himmelskunde. Berlin/Wien 1910

Döbereiner, Wolfgang: Heyne-Tierkreis-Bücher. 3. Aufl., München 1977

Drößler, Rudolf: Als die Sterne Götter waren. Sonne, Mond und Sterne im Spiegel von Archäologie, Kunst und Kult. 3. Aufl., Leipzig 1981

Drößler, Rudolf: »Beschreibung des Erschrecklichen Brennenden/Flammenden vnd Strahlschiessenden Fewers vnd Zornzeichen Gottes« aus dem Jahre 1574. Zeitzer Heimat, Heft 12, Zeitz 1958

Drößler, Rudolf: Entstehung und Geschichte der Astrologie. Die Sterne, 36. Jahrgang, Heft 3/4, Leipzig 1960

Gundel, Wilhelm: Sternglaube, Sternreligion und Sternorakel. Leipzig 1933

Hauber, Anton: Planetenkinderbilder und Sternbilder. Studien zur deutschen Kunstgeschichte. 194. Heft, Straßburg 1916

Heiland, Fr.: Astronomie wider Astrologie. Heft des Zeiss-Planetariums Jena, Nr. 18–006–1, 2. Aufl., Jena 1956

Henseling, Robert: Umstrittenes Weltbild. 5. Aufl., Leipzig
1929

Henseling, Robert: Werden und Wesen der Astrologie.
Stuttgart 1924

Herrmann, Joachim: Das falsche Weltbild. Astronomie und
Aberglaube. Stuttgart 1962

Holzer, Hans: Astrologie verständlich. Frankfurt am Main
1978

Huber, Bruno: Die astrologischen Häuser: von der Natur
abgeleitete Darstellung der 12 Lebensbereiche in ihrer
psychologischen Bedeutung für den Einzelmenschen.
3. Aufl., Adliswil/Zürich 1981

Kenton, Warren: Astrologie. Eine Bilddokumentation.
Frankfurt a. M. 1976

Klöckler, Freiherr von: Astrologie als Erfahrungswissen-
schaft. Leipzig 1927

Kühr, Erich Karl: Aspektanalyse unter Zugrundelegung einer komplexen Aspekttabelle. 2. Aufl., Wien 1948

Medizinisch-astrologischer Volkskalender. Faksimile. Ein-
führung, Transkription und Glossar von Maria Mitscher-
ling. Leipzig 1981

Pässler, Günther: Die Sterne lügen nicht. Leipzig 1961

Pössiger, Günter: Taschenbuch der Astrologie: zur Theorie
und Praxis astrologischer Voraussagen und Berechnungen. München 1977

Preller, L.: Griechische Mythologie I. Theogonie und Götter. 4. Aufl., Berlin 1894

Reiners, Ludwig: Steht es in den Sternen? Eine wissenschaftliche Untersuchung über Wahrheit und Irrtum der Astrologie. München 1951

Schadewaldt, Wolfgang: Griechische Sternsagen. Frankfurt
am Main/Hamburg 1956

Strauß, Heinz Artur: Der astrologische Gedanke in der deutschen Vergangenheit. München/Berlin 1926

Stumpff, Karl: Astronomie gegen Astrologie. Eine naturwis-
senschaftliche und erkenntnistheoretische Kritik der Stern-
deutekunst. Baden-Baden 1955

Warburg, A.: Über Planetengötterbilder im deutschen Kalender von 1519. A. Warburg, Gesammelte Schriften,
Band II, Leipzig/Berlin 1932

Werle, Fritz: Kosmos und Psyche. Symbol, Planet, Tierkreis. Weilheim (Obb.) 1962
Zinner, Ernst: Sternglaube und Sternforschung. Freiburg/ München 1953

Abbildungsnachweis

Die Abbildungen wurden folgenden Quellen entnommen:

Henricius Cornelius Agrippa von Nettesheim: De occulta Philosophia Libri tres. Köln 1533: Abb. 4

Albumasar: De magnis coniunctionibus ... ac eorum profectionibus. Augsburg 1489: Abb. 2, 3, 5, 22–33

Bruno H. Bürgel: Aus fernenWelten. Eine volkstümliche Himmelskunde. Berlin/Wien 1910: Abb. 1

Compilatio Leupoldi ducatus Austrie filii de astrorum scientia Decem continens tractatus ...; Augsburg 1489: Abb. auf dem Vorsatz

Nicolaus Orphanus: Beschreibung des Erschrecklichen Brennenden, Flammenden vnd Stralschiessenden Fewers vnd Zornzeichen Gottes vber Europa ... dieses ablauffenden 1574. Jars ...: Abb. 18

Theoricarum nouarum Georgij Purbachij ... 1515: Abb. 19

Prognosticon Astrologicum Auff die vier fuernemsten Reuolutiones vnd andere Zuneigung der Planeten des Jars ... 1563. Durch M. Victorinum Schönfelt Budissinum: Abb. 17

Heinz Artur Strauß: Der astrologische Gedanke in der deutschen Vergangenheit, München/Berlin 1926: Abb. 6–16, 20, 21, 35, 36

Das Goethe-Horoskop (Abb. 34) zeichnete Hans-Ulrich Herold nach: Franz Boll, Kleine Schriften zur Sternkunde des Altertums, Leipzig 1950, Seite 80.

Für die Reproduktionsgenehmigung danken wir der Stiftsbibliothek Zeitz (Abb. 18) und der Universitätsbibliothek Leipzig (Abb. 2–5, 19, 22–33; Abb. auf dem Vorsatz).

Die Reproduktionsfotos stellten her: Ingrid Hänse, Leipzig: Abb. 18; Karl-Marx-Universität Leipzig, Universitätsbibliothek (Werner Pinkert): Abb. 2–5, 19, 22–33, Vorsatz; Karin Wieckhorst, Leipzig: Abb. 1, 6–17, 20, 21, 35, 36.

Register

der mit Zitaten angeführten Personen, der astrologischen Namen und Begriffe, der damit in Zusammenhang stehenden Gottheiten, Völker, Berufe, Körperteile, Organe und Krankheiten.
Kursiv gesetzte Seitenzahlen verweisen auf ausführliche Darstellungen.

146